智慧博物馆建设与管理研究

朱 旭 著

吉林科学技术出版社

图书在版编目（CIP）数据

智慧博物馆建设与管理研究 / 朱旭著 . -- 长春 ：
吉林科学技术出版社，2023.6
ISBN 978-7-5744-0699-5

Ⅰ．①智… Ⅱ．①朱… Ⅲ．①智能技术－应用－博物
馆－管理－研究 Ⅳ．① G261-39

中国国家版本馆 CIP 数据核字（2023）第 136716 号

智慧博物馆建设与管理研究

著	朱 旭	
出 版 人	宛 霞	
责任编辑	孔彩虹	
封面设计	树人教育	
制 版	树人教育	
幅面尺寸	185mm×260mm	
开 本	16	
字 数	220 千字	
印 张	9.75	
印 数	1－1500 册	
版 次	2023年6月第1版	
印 次	2024年2月第1次印刷	

出 版 吉林科学技术出版社
发 行 吉林科学技术出版社
地 址 长春市福祉大路5788号
邮 编 130118
发行部电话/传真 0431-81629529 81629530 81629531
　　　　　　　　　 81629532 81629533 81629534
储运部电话 0431-86059116
编辑部电话 0431-81629518
印 刷 三河市嵩川印刷有限公司

书 号 ISBN 978-7-5744-0699-5
定 价 60.00元

前　言

现代社会从宏观层面的政府治理、经济管理，到微观领域的个人生活方式的选择，如消费模式、观光旅行等，社会各领域各行业的智慧化发展无时无刻不在影响和改变着人们的生产生活方式，智慧城市、智慧交通、智慧博物馆、智慧医疗，一系列以"智慧"二字命名的新事物正在推动社会发生深刻的历史变革，同时也唤起了人们重新探索规则的思维意识。

博物馆是征集、典藏、陈列及研究自然与人类文化遗产的机构，对国家文化遗产传承与保护有重要意义。在互联网、云计算、大数据等现代信息技术飞速发展背景下，博物馆的建设与管理也需要紧跟时代步伐，做出改革与创新。智慧博物馆是在数字博物馆充分发展基础上形成的、以信息网络技术最新成果为支撑的博物馆新业态，是世界博物馆发展的新趋势。智慧博物馆与实体博物馆互为表里、相辅相成。

本书从理论研究和实践探索两方面，对智慧博物馆建设的关键概念、功能框架、技术路线、支撑条件、标准体系等进行系统探讨，以进一步明确智慧博物馆的发展方向，提升智慧博物馆建设的质量和水平。主要内容包括博物馆基础知识、智慧博物馆政策背景和概念界定、智慧博物馆建设实践、红岩革命历史博物馆智慧化建设、智慧博物馆建设优化策略以及博物馆文化创意产品的发展思路等内容。

本书在编写过程中，参考和借鉴了一些学者的专著和研究成果，在此表示衷心的感谢。由于编者水平有限，教学任务繁重，时间紧，内容难免有疏漏、不妥之处，恳请使用本书的广大师生和同行予以指正，以期交流与再版完善。

目 录

第一章　博物馆基础知识

第一节　博物馆概述

一、"博物馆"一词的由来

中国古代文献中就有"博物"的概念。晋代学者张华写过一本名叫《博物志》的书，古代中国也把知识渊博的人称为"博物君子"。在汉语中，"博"字有广大丰富的含义，"物"字则表示世间的各种物质，包括自然物质和人工制品，"馆"主要是指各种公共建筑物。唐代以来，往往把专门保存、管理文物和讲论学问的建筑物称为馆。正因如此，我们很容易把"博物馆"这一概念理解为是我们民族文化传统的延续，但这种看法并不完全符合历史事实。尽管中国古代就有专门收藏和保存文物的建筑与机构，但这一传统并没有发展出以公共教育为特色的近代意义上的博物馆。实际情形是，我们今天使用的"博物馆"一词是近代从英文"Museum"译来的。1971年版的《牛津英文大字典》将该词解释为"缪斯的所在地"，是为了对缪斯（Muses）——宙斯和记忆女神的9个活泼女儿——表示敬意。所以，在古代希腊，"Mouseion"也往往被看作是供奉缪斯的神殿。

公元前4世纪，正值古代希腊文化的巅峰时期，马其顿的亚历山大在他寻求霸权的一系列征战中掠夺了许多珍贵和稀有的物品，交给他的老师亚里士多德整理研究。亚里士多德汇集了数以百计的手稿、地图及各种各样的动植物标本。到公元3世纪希腊化时期的埃及国王托勒密一世在亚历山大城的宫殿里建立了一座科学和艺术中心——亚历山大博物院。这样一座机构往往被一些博物馆学家视作古代形态博物馆诞生的标志。但它与我们今天理解的博物馆有着很大的区别。博物馆一词的本意是"大学建筑物"，是"用于追求治学和学艺的大楼或房舍"，即由教授用于研究、写作和讲课的场所。所以法国学者G.比代在《希腊语——拉丁语词典》中将博物馆一词解释为"供奉缪斯、从事研究之处所"。这座博物院从地中海沿岸国家招聘了上百名知名学者进行研究和讲学，所讲授的内容涉及天文、地理、哲学、数学、医学、文学、艺术和语言。博物院还拥有图书馆和收藏室，收藏品包括动植物标本、美术品和国内外的珍贵物品，此外还有动物园和植物园等。确实，它"实际上是一所研究机构、图书馆及学院的联合体"。可见，在古代，博物院（Museion）这一概念所反映的是人类多种多样的智慧、知识和文化的集中发展，这种文化殿堂的观念一直延续到十几个世纪后近代博物馆的诞生。然而，"Museum"一词作为博物馆的固定用语，则是17世纪以后的事。1683年，英国牛津大学阿什莫尔博物馆建立，正式使用了"Museum"。此后，它被广泛地用来表示收藏和展出历史古物、艺术品和自然标本的一种机构，并一直沿用至今。

汉语中"博物馆"一词出现是较晚的。正如我们在上面所提及的，尽管中国古籍中很早就有"博物"这一词汇，但其意义与我们今天的理解并不相同。只是到了近代，博物馆作为一个词语才从西方文字中翻译过来，并在社会上广泛地使用。

中国对西方博物馆的接触和了解，始于19世纪中叶。鸦片战争后，中国去西方出访、留学的人逐渐增多。这些追求知识和真理的人往往被西方形形色色的博物馆吸引，如郭嵩焘在国外逗留两年时间内就参观了数百个博物馆。在他们的游记和随笔中，时常有参观西方博物馆的记载，所用的名称有"集宝楼""积宝楼""禽骨馆""画阁""军器楼"等，并没有统一的名称。1867年，清末改良主义政论家王韬去英国译书，在他的《漫游随录》中记载了他所见的博物馆，在这本书中我们首先看到了"博物院"一词，但这种用法并没有普及开来。

与此同时，日本也派遣使团访问西方。这些人回国后将其所见所闻由日本近代思想家福泽谕吉整理成《西洋情况》一书，于1866年出版。在这本书中开始使用"博物馆"一词来表示他们所参观的各种有关机构。被称为日本博物馆奠基人的田中芳男，对日本博物馆的产生和发展也起了重要的推动作用，据说正是他首先假借汉字把"Museum"译成"博物馆"。

1870年以后，博物馆（博物院）一词逐渐成为固定译语。但中国使用这个词是直接译自西文，还是借用日本的翻译，尚不清楚。无论怎样，"博物馆"还是准确地表达了"Museum"一词的内涵。在汉语中，"博物"一词意味着广泛了解事物，如《汉书·楚元王传赞》中的"博物洽闻，通达古今"，《左传·昭公元年》中写道："晋侯子产之言，曰博物君子也。"都含有知识广博、智慧丰富的意思。

二、什么是博物馆

在理论上我们知道，一座通常意义上的博物馆应该由这样一些基本的要素构成：一定量的藏品；一定的设施和设备；一定的工作人员以及持续向公众开放。但是，当我们着手给博物馆下定义时就会发现，比起为诸如图书馆、档案馆、学校和研究所等机构下定义，要困难得多。困难主要来自以下几个方面：

第一，是形态的多样化。博物馆的藏品远不像图书馆的图书或档案馆的档案那样单纯，它可能是历史文物、自然标本，也可能是某一个遗址，或者是依然活着的动物和植物；博物馆的建筑也是形形色色的，可能是我们通常看到的标准形态，也可能是一座古墓，甚至是一座大山。这种纷繁多样的形态，给博物馆定义带来很大的困难。

第二，是其职能的多重性。到现在，博物馆已经发展成一种多功能的文化设施。它既是收藏中心、研究机构，也是传播知识的学校，或提供娱乐的场所。

第三，是区域性文化特征与意识形态的差异，也是为博物馆定义的障碍。博物馆作为一种上层建筑，不可避免地会带有某种意识形态的色彩。许多国家都把博物馆看作民族文化特征的象征，是保护和捍卫民族文化特征的重要手段。各个国家由于文化传统和政治、经济制度不同，博物馆在履行其职能上也各有侧重，呈现出明显的区域性差异。各国往往根据自己国情和需要来制定自己的定义，这也在一定程度上给制定全球范围统一的定义增加了困难。

第四，是博物馆内涵与外延的历史性变化。这或许是制定标准的博物馆定义所遇到的真正的难点。但从某种意义上讲，这种困难是积极的，表明了这一机构处在变化和发展之中。确实，在博物馆这一概念之下，古代形态和现代形态有很大的区别。一方面，随着博物馆业的迅速发展，许多原先具有相似特征但并不属于博物馆范畴的机构也被包括进来，从而使它的外延不断扩大；另一方面，博物馆的社会功能也在历史地变化着，从过去以收藏为主，转化为今天以社会教育为主，收藏、研究和教育并重。这就使得我们为博物馆所下的定义很难具有恒久性，而只能适应于某一个独特时期。正因如此，我们看到博物馆的定义随着文化环境，尤其是随着时代的变迁而变化。

在今天，博物馆的发展已成为国际性的事务，尤其是博物馆学的产生，更提出了博物馆定义的迫切要求，以达到一种国际范围普遍认可的共识。没有这一点，国际的合作、交流和对话，以及博物馆学的研究和教学都难以进行。正因如此，自 1946 年国际博物馆协会成立后，不断努力地试图为博物馆下一个适当的定义。从 1946 年到 1974 年不到 30 年的时间内，共召开了 10 届大会，几乎每一届都对博物馆的定义展开辩论，并做出修改。1960 年，国际博物馆协会为博物馆下了如下的定义：博物馆是一种为公众兴趣而设置的永久性机构，旨在通过各种方法特别是对公众展示一组组具有娱乐性、知识性而且具有文化价值的器物和标本：诸如艺术、历史、科学和技术方面的收藏以及植物园、动物园和水族馆皆是，以达到保存、研究和提高之目的。1970 年，国际博物馆协会在为博物馆所下的定义中强调了以器物作为主要交流手段的特点。1974 年在哥本哈根召开的第 10 届国际博物馆协会为博物馆所下的定义是：博物馆是一个不追求营利，为社会和社会发展服务的，公开的永久性机构。它以研究、教育和欣赏为目的，对人类和人类环境的见证物进行收集、保护、研究、传播和展览。这一定义成为当前国际上通行的博物馆定义，和以往的定义相比，它更重视博物馆与社会的关系，强调博物馆为社会及社会发展服务。这不仅是对近代以来博物馆社会化运动的一个总结，更是在今天这个充满竞争的社会中对博物馆提出的要求。尽管争议依然存在，但大多数国家制定博物馆定义时都以此作为依据。这样一个相对宽泛的定义适应了博物馆外延不断扩大的变化。

三、博物馆的起源及发展

（一）博物馆的起源

博物馆并非从诞生之日起就一直作为教育学范畴下的实体概念，实际上，它是炫耀与私欲经过漫长演化后得出的最终结论。欧美语境中的"博物馆"一词，翻译过来是"缪斯神殿"之意。缪斯，作为古希腊神话中的一系列神祇，是主司艺术、文学与科学等领域九位文艺女神的总称。在赫西俄德《神谱》当中，从克利俄到乌拉尼亚，诸缪斯神司管的各大领域，与今日博物馆门类中对应的收藏种类基本重合，这并非历史日积月累的言灵，在给世界分类的过程中，潜移默化的连锁反应，却是源自"博物馆之父"亚里士多德对亚历山大大帝施加的影响力。

作为古希腊科学史上第一个从事广泛经验考察的先哲，亚里士多德给予学生亚历山大的，不只是百科全书式的全方位教育，还有尊重文明的伟大理性。腓力二世被刺身亡后，亚历山大执掌王位，开始了他持续终生的远征。马其顿摧毁底比斯，攻克小亚细亚，消灭波斯，远征印度，感受异域截然不同风情的同时，出于对人类文明与传承的敬重，亚历山大一方面屠城掠地，一方面又持续不断地为家乡带回无数战利品，并将这些珍贵的文物宝藏交由自己的老师研究整理。亚历山大英年早逝，帝国分崩离析，陷入长达五十年的继位者战争及后继争斗当中。尽管世事纷乱，亚历山大战后搜集并集中文物的行为，却作为惯例被保留了下来。直到公元前284年，亚历山大在埃及的继承者托勒密一世，于亚历山大港建立了人类历史上第一个真正意义上的博物馆。根据记载，这处现今遗址荡然无存的"缪斯神殿"，集中了当时不同国家民族、不同时期的文物、文献，按照天文、医学、艺术、历史的主题进行分类陈列，依循亚历山大对恩师的许诺，供学者进行研究使用。阿基米德与欧几里得都曾在这座博物馆中进行过研究工作。

然而，罗马人选择毁弃"缪斯神殿"，将之改为从事哲学讨论的场所。经过漫长而黑暗的中世纪，希腊人崇高的研究精神几乎遗失殆尽。关于博物馆，存留下来的仅仅是达官显贵与教廷要人对奇珍异宝的收集癖好而已。黑暗时代低下的生产力，以及与之对应的生活格调，到底还是压抑了人们的收藏和展示欲。直至文艺复兴春风徐来，地理大发现开启大航海时代序幕，新世界带来几乎无穷尽的新奇事物和黄金宝藏，刷新欧洲国家王公贵族和平民百姓的财富观念后，博物馆之魂才从希腊废墟中逐渐苏醒。

鹿特丹的诸多银行家、资助探险家的里斯本贵族、吕贝克的城镇议事官，财富的直接掌控者无法亲自前往好望角、印度或者古巴探险。作为弥补，他们委托阿贝尔·塔斯曼、巴尔托洛梅乌·迪亚士、马丁·贝海姆这样的航海英雄作为代理人，前往世界各地搜刮稀罕纪念品，存放到他们巨大宅邸的陈列室中。这类房间被称为"奇观室"，源自德文Wunderkammer，英语中则是Cabinet of curiosities——这个在词法中类似储藏室或者私阁小间的概念，在荷兰直接演变成了开橱式博物柜：荷兰人打开一尊立面巨大、重重设锁的地中海风格双开门橱柜，里面出现的可能是大小不一的海螺化石、印第安花毛帽、非洲箭猪标本或者一大堆不知从哪儿找来凑数、只为追赶时髦却又吝啬金钱而导致的垃圾收藏。

这一兴起于贵族和新兴富人间的游戏，最终也在皇室当中流行起来。16世纪，鲁道夫二世，这位哈布斯堡王朝中期的统治者，政绩上默默无闻，却在文艺与收藏领域大放异彩，被后世称为"收藏家皇帝"。且来看看这位皇帝曾陈列于布拉格的特别藏品：数千种矿石，委托御医安瑟尔谟·布特代为研究管理，并促成出版矿物学奠基书籍《De Gemm is et Lapidibus》，成为最早的一批科研助人之一；伏尼契手稿，这份神秘手稿中绘有天体、幻想植物和裸女，所用文字至今无一人能识。鲁道夫二世用等值今日十万美元的达卡特金币买下了它，现在不少学者均认为这份古怪手稿来自外星人。为了给王室钟表博物馆增加收藏，鲁道夫二世雇用了瑞士钟表匠乔司特·伯基，为他造出当时最先进的自鸣钟，还有各种各样的地球仪和天体仪。天文学家开普勒和第谷都是皇帝的座上宾，并得到他的鼎力资助。相比之下，他那些精雕细琢的石榴石皇冠、石刻雕塑、动物结石、毒草标本，以及包括阿尔钦博托在内的诸多"鲁道夫绘画圈"名画收藏，简直不值一提。不过，聘请画家霍夫纳基尔为自己的藏品绘制索引图册：使用羊皮纸，整整四册满满当当的微型图画——或许可以让他列名"全球第一位主动给大博物馆建立目录的馆长"。但他却并不是第一位给小奇观室做目录的人。1565年，阿姆斯特丹的外科医生塞缪尔·奎科尔伯格才是有记载的藏品目录出版第一人。寻找慕尼黑的出版商印刷博物目录的目的，不过是为了向世人炫耀自己的收藏，以及暗示为了收藏而花费的惊人开销。这一行为立即招来态度强硬的攀比：另一位外科医生约翰·肯特曼也出版了自己的藏品柜目录，自然比塞缪尔更多、更好，印刷用的纸张也更为昂贵。

民间博物收藏对皇族的影响，远比人们想象的还要深远。17世纪以来，除了那些声名显赫的先行者外，大小诸邦的首座博物馆，也逐渐在自然科学家和博物学家与极权中心的交际圈作用下，"自下而上"地建立了起来。彼得大帝在荷兰旅行时，结识了解剖学家弗雷德里克·路易斯，以及生物学家列文·胡克，前者是尸体防腐行家和标本收集狂，后者是显微镜的发明人，专注微观世界。路易斯的荷兰收藏柜使彼得大帝赞叹不已，甚至在回俄国之后，还自愿帮助他完善收藏。两人互相交换西伯利亚蠕虫、印度小鼠和蜥蜴标本。最后，彼得大帝干脆在夏宫旁边的基京府邸设立俄国第一所自然科学博物馆，而路易斯也选择将毕生收藏转赠给该馆。为了给博物馆增添馆藏，彼得大帝屡颁诏令，在民间搜集已灭绝的鸟兽化石、古书手抄本，以及畸形人。拓展疆土之余，他还派出科考队，研究各处地理人文、风土民情，将文物珍宝转运回夏宫。久而久之，基京府邸博物馆的藏品，从数量到质量均已傲视欧洲大陆，也为叶卡捷琳娜二世大兴冬宫收藏、奠基艾尔米塔什博物馆群给予了指引。

同一时期的东方皇帝之中，最显赫的收藏家非乾隆莫属。故宫和颐和园便是乾隆最著名的"奇观室"。纵观他的收藏领域，包括前朝字画、藏传鎏金佛像、造办处亲造的瓷器玉器，并以《秘殿珠林》与《石渠宝笈》记之。中国历经明清两代六百年宫廷收藏，以乾隆朝为最盛，也不过万余件的规模，且内容完全是文玩书画、工匠巧作，重视门派和名家流传，与近代科学沾不上一点儿关系。近代博物馆未能在东方同期兴起，盖因高雅爱好门第等级森严，自唐宋起便未有更替使然。和珅喜爱搜集玉如意，罗斯柴尔德家族则偏好尼德兰古卷、中古家具和陶瓷。德皇威廉一世骑马路过巴黎东北部的罗斯柴尔德家族宅邸时曾感慨道：连国王都买不起这个宅邸，它只能属于罗斯柴尔德家族。这个犹太家族曾经十分贫穷，所以在通过金融业发迹后，在"博物收藏"这个上流社会游戏当中，更偏向于搜集贴近现世生活的内容，以及宗教圣物：祈祷书、圣荆棘圣物箱、祭坛画、哥特式圣橱……罗斯柴尔德家族大力资助艺术事业，但不着意于收藏法国绘画。这种收藏作风，按大英博物馆馆长尼尔·麦克格雷格的说法，有些像是细分化的现代博物馆的雏形。

19世纪，酒精、防腐制剂、充气法、干燥法、注射法、化学法——得益于这些先进保存手段的应用与普及，民间博物爱好者的收藏已颇具规模，有着纯粹知识爱好的人们，坚信自己有能力汇集、建构和展示整个世界的知识。然而，当时各地博物馆在分类方法上往往各抒己见，并不能给出统一标准。这些独立分类所反映出的知识，常常通过各种不同的方式被重新安排、排序、体现，造成一物多名、异物同名的混乱现象，不只给研究造成障碍，也对科学的无国界化发展竖起了篱墙。发现花粉囊和雌蕊能够作为植物分类的基础后，瑞典博物学家林奈仔细梳理了亚里士多德在博物学上的遗产，进一步将动植物两分命名的法规发展深化，重新发明了双名法。使科学家们有机会对各物种进行基于近代科学的分类，共同研究进步。类似居维叶的《比较解剖学课程》，林奈等人在博物馆分类学上的突破，引发了近代科学领域的学科裂变——从原本由少数精英主义分子各自为政的前科学时期，逐渐过渡到学院化细分、群策群力的现代科学时代。林奈有句名言"从未有人像我一样将科学转型"。他成功地将人们给崭新探险战利品命名的简单快感，转移到为一切真正新事物分门别类的科学态度上。

博物馆引导科学发展，给学者研究提供了便利。然而，直到1683年，公共博物馆的大门，仍旧对那些"未经专业训练的参观者"紧闭。世界最早的公共博物馆是位于英国牛津市中心博蒙特街的阿什莫林博物馆，也是英语世界成立的第一所大学博物馆，其最初藏品大多为植物学家兼查理一世御用园艺师约翰·特雷德斯坎特和他儿子的收藏。这是典型的经由捐赠行为，将私人收藏博物馆化的过程，其中最重要的不同点，是特雷德斯坎特临终前的遗愿：这间博物馆必须对公众永久免费开放，永远不得营利。牛津大学根本无法拒绝这位萨福克郡人的愿望——老约翰是当时名扬英国全境的传奇人物、国家英雄，今日英国的不少花卉和粮食作物，都是由他亲手引进的。他的私人馆藏数量之丰富，被人们誉为"方舟"。父子二人死后，经由贵族埃利阿斯·阿什莫与牛津大学沟通，终于了却遗愿，也就此成就了阿什莫林博物馆至今的辉煌。"阿什莫林（Ashmolean）"这一命名的含义，正是"阿什莫向特雷德斯坎特父子鞠躬致敬"。

在今日看来博物馆免费是理所当然的，但这其实是近年才得以普及的趋势。大英博物馆于1759年开始向公众开放，参观者必须持有合适的证明文件，每天限定30人，且只对外开放一小时。1774年，伦敦的一个私人付费博物馆停止对公众开放，馆长莱维尔爵士表示，参观平民太过傲慢，且明显对展品一无所知，只是花钱看热闹罢了。美国点燃了博物馆爆炸时代的导火索，其本质诱因无非是菲茨杰拉德反复强调过的资产阶级贪欲。

博物馆爆炸造成了很多滑稽场面：1784年，查尔斯·威尔逊·珀尔充斥个人崇拜和造物主妄想的自然博物馆揭幕时，一只火鸡突然倒在装满防腐用具的箱子前，柱牙象骨骼的三块化石随之散落在地。这是美国第一座对外开放的自然历史博物馆，尽管珀尔本人极为热衷大众教育，位于费城这家博物馆的历史意义也不容小觑。但它本身的粗糙应付，以及创办者自作多情的过多介入（以时代的角度看，这可能仅仅只是流行而非刻意），实在无法收获太多名绅雅士的评价。

戳穿星座谎言的巴纳姆效应，得名自世界最知名的畸形秀巡回马戏团班主P.T.巴纳姆，这位班主曾于1842年——美国维多利亚时代最为混乱的时期——买下了纽约百老汇和安街的一座废弃博物馆，开办了名为"美国博物馆"的娱乐中心，花巨资投放广告，但却在馆内陈列虚假展品，哄骗观众购买高价门票，并利用纪念品店（巴纳姆或许是如今景点纪念品商店的真正先驱）大发横财。美国博物馆中最著名的展品是假斐济美人鱼和假幽灵照片，藏品数量一度高达60多万件。这家博物馆最终毁于火灾，众多影视和小说作品都对美国博物馆有过或张扬或隐晦的致敬，最近的包括亚历克斯·赫什编剧的动画剧集《怪诞小镇》和《美国恐怖故事：畸形秀》。花费巨资但私心叵测的博物馆泡沫在黄金时代的美国比比皆是。有趣的是，错误的开端并不一定招致错误的结果。美国政府随着资本家的成长而成长，博物馆随着经济泡沫的泛起而扩张。不过，当泡沫褪去后，所有这些南方式的荒诞蛮干，却为国家知识领域的发展提供了重要框架，也在开启民智的启蒙之路上迈出了坚实的一步。

美国博物馆协会（AAM）最终将博物馆定义为"被组织成公共或私人的非营利机构，永久性地以教育和审美为目标"。这个定义中的每一项细节，都是对博物馆爆炸时代的审视和反思。时至今日，如果算上所有分馆、发源地和遗址，美国的博物馆数量已经超过两万所，反观工业革命之后，英国建立的全部博物馆总和，也只有这个数字的十分之一，其他欧洲国家也没有超过这个普遍量级。事实上，按照AAM的定义，博物馆早已迈过当初由亚里士多德和奇观室所限定的范畴，成为边界模糊的概念了。整座威尼斯城可以是博物馆，一个自然人，也可以宣称自己为"真人博物馆"。尽管大多数博物馆都围绕某个特定收藏主题或领域多重展开，珍稀藏品的数量，以及保存它们的能力则是衡量博物馆能力的普遍标准，但新兴的装置概念和互动式高科技正在侵蚀这一"成见"：博物馆可以没有任何藏品，也可以根据来客观赏喜好自由变换展品，甚至将全世界的收藏品以数字化的形式齐聚一堂。谷歌正致力于打造数字化博物馆，目前在家里端详罗赛塔碑石，已经能比大英博物馆的清洁工看得更为清楚了，长远来看还有3D打印和全息技术，可使每个人的住所轻易化作自定义博物馆。从"缪斯神殿"的源头端详如今场面，谁也无法断定什么，或许博物馆的嬗变之路，目前才刚刚开始。

（二）世界博物馆的发展

1. 罗马时期

罗马共和时代结束后，贵族和富豪势力日益加强，腐朽的奴隶主阶级对文化珍品的搜求和占有更加贪婪，统治者在频繁的战争中掠夺了大量艺术珍宝，如罗马皇帝奥古斯都用大理石为太阳神阿波罗建立的豪华神殿里，就有大量塑像和绘画、还收藏了大量珍奇动物的骨骸和兵器。罗马皇帝韦斯巴芗在他的和平圣殿里也收藏了许多艺术瑰宝，是当时的艺术中心。

在皇室收藏愈发普遍的同时，贵族、富豪、私人收藏艺术珍品和稀有物的风气也日甚一日，贵族在各自府邸竞相开辟陈列室，陈列府中的珍品供客人观赏，有的还在花园里展览动物和植物。罗马帝国时期流行的这种会客室博物馆，将希腊时代以皇室收藏为主的现象延伸到贵族阶层，从而促进了私人收藏家的出现。罗马全盛时期，盛行古物收藏热，罗马城几乎成了一座博物馆城。由此开始，博物馆逐渐传向欧洲各国。

2. 中世纪

在漫长的中世纪，欧洲在教会的禁锢下进入政治上的黑暗时代。此时，收藏虽然同样盛行，但是范围小了很多，主要由教会把持。教堂、修道院以及教会学校是收藏宗教文物的重要场所，宫廷、贵族府邸、地主庄园是世俗文物聚集之地。许多修道院修成了博物馆、收藏馆。意大利的圣·马可教堂和蒙扎修道院、德国的哈雷修道院、瑞士的圣·莫里斯修道院都以收藏宗教文物而闻名于世。基督教文物最大的收藏地是教皇所在的梵蒂冈，那里收藏着基督教艺术珍品、历史文物、各地教徒的礼品。

3. 文艺复兴时期

文艺复兴时期是世界博物馆大发展时期。这一时期，各国文物藏品和博物馆迅速增长。15世纪末，发现了新航线、新大陆，从远方带回的大量珍品和奇物更扩大了收藏范围。在欧洲文艺复兴运动期间，收藏珍品的文化现象从皇室、教会普及到了市民阶级，出现了大批私人收藏家。据英国格拉斯哥博物馆考古学者 D.默里统计，那时仅德、意、法、荷四国的收藏家就达到千余家。当时比较著名的收藏家有意大利的保罗·乔瓦、美第奇家族、法国的布尔戈尼公爵、英国的约翰·崔生等。收藏机构有法国凡尔赛宫、意大利佛罗伦萨及梵蒂冈、西班牙王室等。私人收藏者的涌现促进了收藏机构及博物馆的发展。例如，1584年美第奇家族的收藏发展成为著名的乌菲齐博物馆，其中收藏了当时意大利最负盛名的艺术家波提切利、乔托、提香、达·芬奇、米开朗琪罗等人的名作，成为世界一流博物馆。但从博物馆的基本功能来看，博物馆的收藏还没有系统化。在展示方面，仅限于一定范围内的观赏，虽然具备陈列展示的初始形态，但还未达到规范陈列和对外公开展示的程度。

4. 工业革命时期

从文艺复兴末期的工业革命开始，博物馆的发展进入了一个新时期。这一时期，近代科学有了迅猛的发展和重要的突破，与之相应的，科学理念和博物馆理念也有了很大的突破。人们不再仅仅为了爱好和观赏而收藏，而是开始基于科学研究，或者基于教育的目的而收藏，收藏的范围也逐渐扩大了。

1682年，英国贵族阿什莫将自己丰富的文物收藏品全部捐赠给牛津大学，建成了阿什莫林博物馆。这个博物馆首创了向普通的社会大众展示藏品的方式，使博物馆的发展迈入了一个崭新的时期，博物馆的功能日趋健全和完善。

18世纪，蒸汽机的发明大大推动了工业革命的进程，法国的百科全书派思潮高涨，人们对博物馆的认识逐渐加深，对收藏和博物馆的兴趣进一步提高，使博物馆进一步发展。这一时期，出现了一批世界著名博物馆。如1731年建成的爱尔兰国家博物馆、1755年建成的英国不列颠博物馆（大英博物馆）、1760年建成的丹麦哥本哈根国立美术馆、1764年建成的俄罗斯艾尔米塔什博物馆和1771年建成的西班牙国立博物馆等。大英博物馆和俄罗斯艾尔米塔什博物馆后来成为世界四大博物馆中的两座。以英国医生汉司·斯隆的丰富收藏品为基础创办的英国不列颠博物馆，迅速成为当时世界上最大的博物馆，并开始将导游讲解应用其中。

与此同时，美洲的博物馆也迅速发展。1750年哈佛大学专为教学而设的珍品收藏室是美洲最早的博物馆。1773年建于美国南卡罗来纳的查尔斯顿公共博物馆是美洲的第一个对外展出的博物馆。

5. 近代博物馆的发展

18世纪，继文艺复兴运动以后，资产阶级在领导革命斗争中，又发起了一场思想启蒙运动。一批资产阶级启蒙思想家通过编纂、出版卷帙浩繁的《百科全书》，传播唯物论、民主思想和科学知识，从而推进了现代博物馆产生的进程。罗浮宫的开放对于世界博物馆的发展具有划时代的意义。世界博物馆发展进入了全面社会化、普及化和专业化的新时代。在法国，罗浮宫的藏品是在百科全书出版后不久向公众开放的。1789年的法国大革命推翻了波旁王朝的统治，皇宫中的历代王室收藏的大量艺术珍品转为国家所有。1793年法国资产阶级政府下令在罗浮宫的大画廊建立中央艺术博物馆，正式向上层社会公众开放，从而促进了欧洲各国皇家博物馆和私人博物馆的开放，开始了博物馆社会化的进程。

19世纪以后，科学技术类博物馆迅速发展。此时，世界博物馆发展呈现出以下几个特点：

（1）大型博物馆机构的兴建。

美国的博物馆发展尤其迅速，在1840年建立了史密松协会，并于1870年建立了纽约大都会博物馆。史密松协会（Smithonian Institute）是以英国著名化学家、矿物学家詹姆斯·史密松（1765—1829）命名的大型博物馆集群。史密松临终时留下遗嘱，捐资10万英镑，作为美国在华盛顿建立史密松协会的资金。史密松协会经过160多年的发展，已经成为世界上最大的博物馆机构，它已经创设了14个博物馆、17个研究中心。所辖博物馆大多分布在美国国会和华盛顿纪念碑之间的"民族圈"（National Mall）周围，形成庞大的博物馆集群。1870 年建成的纽约大都会博物馆是美国另一个令世人瞩目的大博物馆，它标志着美国大型艺术博物馆的兴起。发展至今，它的藏品已经达到 150 多万件。

（2）博物馆科学管理水平提高。

博物馆展示藏品方式呈现多样化，开始出现分类陈列、复原陈列、组合陈列、生态复原陈列等形式。博物馆逐渐开发出社会教育功能，有的设立学术讲座，并与学校建立更为密切的联系。

（3）博物馆日益专业化

一些综合性博物馆开始逐渐分化，收藏的门类也越来越丰富、细致。例如，英国不列颠博物馆在肯辛顿建立了分馆，专门收藏自然科学标本，后来发展成为伦敦自然历史博物馆。

（4）掠夺文物进入博物馆

日本、欧美等强国在亚非拉等殖民地国家掠夺的珍奇文物和艺术品，后来成为西方许多著名博物馆中的藏品。

（5）出现了国际博物馆专业组织

1889 年，世界上第一个博物馆协会在英国诞生，出版了会刊，开创了国际博物馆组织的先河。

6. 20 世纪博物馆的发展

进入 20 世纪，世界博物馆的发展出现新的特点：

（1）世界博物馆分布的格局进一步变化。

博物馆不再是少数发达国家的专利，许多发展中国家也开始大力发展博物馆。世界博物馆分布范围更加广泛，总数不断增加。例如，1917 年苏联十月革命胜利后，博物馆为全民所有。1918 年 5 月成立了博物馆部，负责管理苏联的所有博物馆。苏联博物馆的发展也相当迅速，1917 年只有 114 座博物馆，1934 年增至 738 座。其中历史和革命博物馆占有重要地位。国立彼得格勒历史博物馆（1918）、莫斯科红军博物馆（1919）、国立十月革命社会主义革命博物馆（1919）等都是知名的具有苏联特色的现代博物馆。莫斯科技术博物馆更是世界主要大型科技博物馆之一，它首创的以两年制"人民大学"形式普及成年教育的做法，在苏联许多博物馆得到推广。

世界博物馆在两次世界大战之间的暂时和平时期，又出现了一次发展高潮。1926 年，国际联盟在巴黎成立了国际博物馆事务局。1933 年，美国芝加哥成立了规模宏大的科学与工业博物馆，并将科技博物馆运动迅速推向全国。1934 年，国际联盟学术合作委员会举行万国博物馆专家会议，同年出版了两卷本《博物馆学》。

世界博物馆在第二次世界大战后的发展更为迅速，博物馆数量激增，职能范围也不断扩大，新的类型层出不穷。1939 年美国共有博物馆 2500 座，1985 年增至 7892 座。博物馆观众也越来越多，据1980年调查，观众占美国人口的68%，其中科技博物馆的观众占观众总数的43%。

西欧的博物馆在战争中遭到严重破坏，战后逐渐恢复。法国境内的博物馆损失尤其严重，有8107幅重要绘画作品毁于战火。西欧博物馆战后经历了一个恢复阶段之后，才走上复兴、繁荣的道路。至1982年，法国已拥有博物馆1434座，英国博物馆已达1425座。

（2）国际大型博物馆组织不断出现。

1903年，欧洲第一次博物馆国际会议在德国举行。1906年，美国博物馆协会成立，1915年斯堪的纳维亚博物馆协会成立。1917年，苏俄政府刚成立，就建立了"博物馆事业与艺术纪念碑及古代文物保管委员会"。1926年，德国建立德意志博物馆联盟。1926年，国际联盟在巴黎成立了国际博物馆事务局。1929年，日本博物馆协会成立。1946年，国际博物馆协会（ICOM）成立，这标志着国际博物馆发展已经步入了一个全新的时代。

（3）博物馆的功能得到了更为充分的扩展。

博物馆已不再仅局限于收藏和展示，而是成为人们休闲、进修、娱乐、交流的场所，也不仅局限于在博物馆内部活动，而是逐渐向社会、社区、人们日常生活发展。

（4）博物馆的类型不断丰富

20世纪20年代，苏联出现了专以社会革命为主题的革命博物馆，这一分类后来被社会主义国家普遍使用。20世纪后期，随着人们科学观念和博物馆观念的不断更新，技术科学和计算机科学的日新月异，除了常规的博物馆外，生态博物馆、多媒体博物馆、数字博物馆等应运而生。

目前，全世界收藏最丰富、影响最大的博物馆有英国的大英博物馆、法国的罗浮宫、美国的大都会博物馆、俄罗斯的艾米尔塔什博物馆等。21世纪以来，世界博物馆面临新的发展机遇。随着世界社会经济的不断发展，人们对博物馆的需求也日益增长，博物馆展示水平随着科技的发展而不断提高。

（三）中国博物馆的发展

"博物"一词最早出现于《山海经》，意思是能辨识多种事物。《尚书》中称博识多闻的人为"博物君子"。《汉书·楚元王传赞》中也有"博物洽闻，通达古今"之意。19世纪的后半叶，中国开始把"博物"一词作为一门学科的名称，"博物"的内容包括动物、植物、矿物、生理等知识。"博物馆"作为一种文化教育机构的称呼在中国出现得比较晚，仅有一百多年的时间，但我国保存和收藏文物的历史悠久。

1.古代博物馆的起源

古代的中国虽然没有博物馆，但早在商周时期，已有重视收藏的传统。古代皇宫有"天府""玉府"等专门收藏皇室珍宝的场所。汉代有"天禄""石渠""兰台"，隋朝有"妙楷台"藏古迹、"宝迹台"藏古画等。

此外，中国古代也有很多收藏家，大多数帝王都喜好收藏。也有不少大臣以收藏丰富而闻名，如欧阳修等。宋代是金石书画研究的一大高峰时期。清代文物收藏风气更盛，清廷成为古代中国文物收藏的集大成者。同时，民间收藏也得到了长足发展。故宫的文华殿、武英殿都是重要的文物收藏所。

2. 近现代博物馆的振兴

法国天主教会韩伯禄于 1896 年创建的上海徐家汇震旦博物馆是中国最早的博物馆。中国人自己创设的博物馆是张謇于 1903 年在南通创建的南通博物苑，这标志着中国现代博物馆事业的新纪元。19 世纪下半叶，在洋务运动、维新运动中，有识之士不断提倡引进西方类型的现代博物馆，作为"开民智"的重要措施，由于办博物馆被视为"新政"之一端，遭到清政府的反对。直至 1905 年，中国博物馆建设的先驱者张謇自费创建中国第一座现代博物馆——南通博物苑，才开始了中国现代博物馆事业的开端。1912 年，孙中山领导的革命推翻了清王朝，建立了中华民国。他的政府中的教育部长蔡元培和在社会教育司工作的鲁迅都很重视博物馆建设。可惜这个政府不久就为军阀政府取代，博物馆事业此时未能发展起来。

到了 20 世纪 30 年代，才真正出现了中国博物馆发展的第一个高峰。这个高峰的到来，不仅受世界博物馆运动的影响，而且与当时中国社会的经济科学文化发展的需要有关。1928 年，全国博物馆只有 10 个，到 1936 年已经发展到 77 个。大型博物馆如国立历史博物馆、故宫博物院、中央博物院、自然博物院陆续筹建，各省也纷纷建馆。中国现代博物馆事业虽然起步很晚，但一开始就具有比较鲜明的收藏、科研和教育作用。当时博物馆业务相当活跃，甚至多次出国参加国际展览活动。1935 年，中国博物馆协会诞生，发行了会报，刊印了丛书，并于 1936 年举行年会讨论学术、规划事业。正当中国博物馆事业日趋兴盛之时，战争却阻断了这一富有希望的进程，使中国博物馆受到严重破坏。

中华人民共和国成立后的 50 年代是中国博物馆事业发展的第二个高峰。中国共产党和人民政府对发展文物、博物馆事业十分重视，中央政府刚一建立就发布了一系列法令保护珍贵文物和文化遗址，还发了《征集革命文物令》，在经济困难的情况下，仍然拨款发展博物馆事业。1949 年，中国只剩下 21 个博物馆，3 年后的 1952 年，全国省市以上的博物馆就发展到 40 个。1953 年，第一个五年计划开始以后，仿照苏联地志博物馆筹办全面反映地方自然、历史和社会主义建设面貌的地志博物馆。1957 年，第一个五年计划结束时，全国博物馆总数已达到 72 个，除青海、西藏外，省级博物馆基本都已经建立，很大程度上改变了旧中国博物馆集中在少数城市的不平衡局面。20 世纪 50 年代后期，在北京还建立了规模较大的中国历史博物馆、中国革命博物馆、中央自然博物馆和人民革命军事博物馆等国家级博物馆。

20 世纪 80 年代是中国博物馆事业发展的第三个高峰。在改革开放的新形势下，博物馆建设的步伐随之加快。十年间博物馆在数量和质量上都有了很大进展。至 1988 年年底，全国文化系统共有博物馆 903 个，增长了 2.6 倍。如果把非文化系统自办的博物馆也计算在内，至 1987 年底，中国博物馆总数已达千余个。全国博物馆工作者正为创造有中国特色的现代博物馆而努力。

3. 未来与国际博物馆的大融合

国际博物馆发展的历史表明，在产生初期落差巨大的各国博物馆，随着不可避免的全球经济一体化的进程，各国博物馆发展有一种相互融合、互动互助、发挥整体合力、共同繁荣发展的趋势。我国博物馆的发展也证实了这一点。因此，我国博物馆未来的发展，也必将与国际博物馆的发展相协调。

在收藏上，文物市场的兴盛、流通的便利、信息的发达，使藏品信息更多地被流传，许多历史文物将有更多回归原地的渠道。在展示上，随着交通的日趋便利，藏品不再只能在一处展出，交流展出将更方便安全。随着科学技术的不断提高，展示技术也日益提高，后起的博物馆很容易达到陈列展示艺术的国际先进水平，甚至超过原有的先进博物馆。在学术研究上，各馆的藏品和研究资料以及研究成果也将更大程度地被共享，而充分国际化的社会文化环境将加快融合进程。甚至在博物馆的生存空间上，也可能出现国际化、共享化的可能。因此，随着我国改革开放的不断扩大，我国博物馆事业必将与世界博物馆发展潮流相融合。

四、博物馆的特点与功能

（一）博物馆的特点

1956 年，全国博物馆工作会议明确提出，博物馆是文物标本的主要收藏机构、宣传机构和科学研究机构。博物馆的三重性，是相互联系、不可分割的。收藏文物标本是博物馆宣传教育和科学研究的物质基础；进行宣传教育是收藏、研究的主要目的；宣传教育、收藏保管等工作又都必须建立在科学研究的基础之上。

我国的博物馆是我国社会主义科学文化事业的重要组成部分。博物馆通过征集、收藏文物标本，进行科学研究，举办陈列展览，传播历史和科学文化知识，对广大人民群众进行爱国主义教育和社会主义教育，为提高全民族的科学文化水平，为我国社会主义现代化建设做出贡献。

博物馆的特性，是以实物为基础，组织形象化的陈列，进行直观的宣传教育。这是博物馆与其他文化教育机构的根本区别点。实物性、直观性和学术性的相结合是博物馆的显著特征。

（二）博物馆的功能

现代博物馆的功能包含了搜集、保存、修护、研究、展览、教育、娱乐七项。形态上包含建筑物、植物园、动物园、水族馆、户外史迹、古城小镇博物馆化、长期仿古代生活展示（民俗村），以及视听馆、图书馆、表演馆、档案资料馆等都可纳入。内容上一般分为美术馆、历史博物馆、人类学博物馆、自然历史博物馆、科学博物馆、地区性博物馆及特别专题博物馆等。博物馆的内容以各表其独特风格与收藏为方法。

简而言之，博物馆的功能即文物收藏、展出和研究。具体来说，博物馆要收集和保藏文物标本，开展专题科学研究，进行陈列展览和社会教育。收集和保藏是博物馆的第一个职能。收集、保藏的文物标本必须经过研究，才能利用，因此研究是博物馆的第二个职能。经过研究的藏品，又必须经报列展览、对外开放、提供参观和社会教育等渠道来发挥作用，因此，博物馆的第三个职能是教育。现代博物馆的功能以教育推广为重要目标，努力于社区民众的公共关系。在展示的目标上除了介绍知识，并引发观众美感经验，认知真善美的生命真理。

第二节　博物馆的分类

一、划分博物馆类型的标准

从不同的范畴和要求出发，目前世界上划分博物馆类型的标准，主要有以下几种：

（一）根据博物馆的职能分类

1. 全智能型博物馆

全面反映展品的收集和保存、科学研究、陈列教育这三大职能。如美国自然历史博物馆、英国自然历史博物馆等。

2. 保存职能型博物馆

大多以实地保存为重点。古代的宫殿、宇宙、教堂、陵墓及人类活动的遗址，历史上伟人和名人的故居，古代艺术保存地，等等都可以纳入保存职能型博物馆。如加拿大的白求恩故居、中国的敦煌莫高窟等。

3. 教育职能型博物馆

目前，不少大学设立博物馆，如加拿大温哥华的不列颠哥伦比亚大学的人类学博物馆、英国牛津大学的阿什莫林艺术与考古博物馆、美国的普林斯顿大学艺术馆、中国的清华大学艺术博物馆、中国地质大学逸夫博物馆等。

4. 研究职能型博物馆

在研究机关和大学附设博物馆的主要目的是进行科学研究。这种博物馆有些只供内部使用，如美国加州大学脊椎动物学博物馆、中国矿业大学的中国煤炭科技博物馆等。

（二）根据展品保存场所分类

1. 室内展览型博物馆

这是最基本类型的博物馆，大多数博物馆属于这个类型。

2. 室外展览型博物馆

这类博物馆指的是陈列展品过大，室内无法容纳，像巨大的建筑物、石像、船舶等。如瑞士的巴伦伯格露天博物馆、丹麦的奥尔胡斯老城博物馆等。

3. 原状保存型博物馆

民俗村、山岳森林博物馆都属原状保存型博物馆。如美国的威廉斯堡、阿联酋首都的阿布扎比民俗村等。

（三）根据服务对象分类

（1）根据年龄：成人博物馆、儿童博物馆、学校博物馆。如美国的明尼苏达儿童博物馆、日本的面包超人儿童博物馆等。

（2）根据职业特点：专为专家、学者利用的博物馆。如英国伦敦苏格兰场，设有专为治安人员使用的刑事博物馆等。

（3）根据生理特点：如美国华盛顿的国际女性艺术博物馆、盲人触觉博物馆等。

（4）根据人的不同趣味特点：如皮影博物馆、书法博物馆等。

（四）根据管理者分类

分为国立、公立、私立。如中国国家博物馆是国立博物馆，英国大英博物馆是公立博物馆，美国亨廷顿艺术博物馆是私立博物馆。

（五）特殊类型的博物馆

有加拿大滑雪博物馆、德国足球博物馆、伯明翰钢笔博物馆等。

（六）根据博物馆的规模分类

可分为大型、中型和小型三类。博物馆的规模大小，主要根据其建筑的大小、藏品、经费、职工、观众的多少。大型博物馆一般建筑面积为5万平方米以上，藏品为500万件以上，职工为500人左右，每年经费1000万美元以上，每年观众500万人以上。中型博物馆一般建筑面积为1万平方米以上，藏品100万件左右，职工100人左右，每年经费500万美元，每年观众100万人左右。比这规模小的，一般为小型博物馆。

（七）根据陈列内容分类

目前，世界各国博物馆都倾向按博物馆的主要内容、性质来划分博物馆类型。苏联博物馆分类为历史、科学、文学艺术、纪念、技术、综合等各类；美国博物馆分类为历史、艺术、自然科学、工业、综合等各类；英国博物馆分类为艺术美学、科学、历史、特殊等各类；日本博物馆分类为综合人文科学、自然科学等各类。

二、我国博物馆的类型

根据博物馆的性质和内容，参照世界各国博物馆类型划分的实际和我国博物馆的现状及现行的管理体制，我国博物馆大体可分为四类：

（一）社会历史类博物馆

社会历史类博物馆是以研究和反映社会历史发展过程、发展规律以及历史上的重要事件和重要人物等为主要内容的博物馆。按其内容的不同又可划分为：

1. 历史博物馆

这类博物馆包括通史、断代史、地方史、专史、历史遗迹、古陵墓、庄园等。如香港历史博物馆、陕西历史博物馆等。

2. 革命史博物馆

这类博物馆包括全国的或地方的革命史、革命军事史等。如武汉革命博物馆、井冈山革命博物馆等。

3. 纪念类博物馆

这类博物馆包括重要历史人物和重要历史事件的博物馆，我国通称为"纪念馆"或"故居"。如赵尚志纪念馆、南京大屠杀纪念馆、叶剑英故居等。

4. 民族、民俗博物馆

民族博物馆包括民族学、民族史、少数民族的历史遗址、遗迹等。民俗类博物馆是反映某一地区人民的风俗、习惯、生产、生活、文化的博物馆。如海南民族博物馆、北京民俗博物馆等。

（二）文化艺术类博物馆

这类博物馆包括绘画、书法、工艺美术、摄影、文学、戏剧、建筑等。如华夏文化艺术博物馆、北京古代建筑博物馆等。

（三）自然科学类博物馆

这类博物馆是以自然界和人类认识、保护及改造自然为内容的博物馆。它又分为自然博物馆和科学博物馆（包括科学技术和科学技术史）。如中国科学技术馆、中国航空博物馆等。

（四）综合性博物馆

这类博物馆是兼容社会科学和自然科学双重性质的博物馆。各省、市、自治区的地志性博物馆大多都是综合性的。如新疆维吾尔自治区博物馆、青州市博物馆等。

三、外国博物馆的类型

外国博物馆主要是西方博物馆，一般分为艺术博物馆、历史博物馆、科学博物馆和特殊博物馆四类。

（一）艺术博物馆

包括绘画、雕刻、装饰艺术、实用艺术和工业艺术博物馆。也有把古物、民俗和原始艺术的博物馆包括进去的。有些艺术博物馆，还展示现代艺术，如电影、戏剧和音乐等。世界著名的艺术博物馆有伦敦大英博物馆、泰特现代艺术馆、梵蒂冈博物馆等。

（二）历史博物馆

包括国家历史、文化历史的博物馆，也包括在考古遗址、历史名胜或古战场上修建起来的博物馆。如雅典国家考古博物馆、美国历史博物馆等。

（三）科学博物馆

包括自然历史博物馆。内容涉及天体、植物、动物、矿物、自然科学，实用科学和技术科学的博物馆也属于这一类。如英国自然历史博物馆、法国自然历史博物馆等。

（四）特殊博物馆

包括露天博物馆、儿童博物馆、乡土博物馆，后者的内容涉及这个地区的自然、历史和艺术。著名的特殊博物馆有瑞典的耶姆特里露天博物馆、俄罗斯的国立卡类利阿乡土博物馆等。

国际博物馆协会将动物园、植物园、水族馆、自然保护区、科学中心和天文馆以及图书馆、档案馆内长期设置的保管机构和展览厅都划入博物馆的范畴。

第三节　博物馆的规模及学术团体

一、博物馆的规模

根据《中国博物馆行业市场前瞻与投资战略规划分析报告》的统计，中国登记注册的博物馆数量已由2200多个发展到3589个，并继续以每年100个左右的速度增长。中国平均每40万人拥有1个博物馆；2020年发展到25万人拥有1个博物馆。中国统计在册的民办博物馆有400多家，再加上未正式注册的，数量已近千家。近几年，先后进行了博物馆等级评估和博物馆运行评估，共评出一级博物馆83座，这是代表中国博物馆水平的第一方阵。

为服务社会公众，现将其中专业化程度较高、功能比较完善、社会作用比较明显的有3322 家博物馆，包括国有博物馆 2843 家（文物行政部门管理的国有博物馆 2292 家，其他行业性国有博物馆 551 家），民办博物馆 479 家。

二、博物馆学术团体

（一）国际博物馆协会

国际博物馆协会成立于 1946 年 11 月，是国际上规模最大的非政府性博物馆专业组织，它致力于在全世界范围内支持和帮助各类博物馆机构的建立、发展与专业管理，其所制定的《国际博物馆协会博物馆道德准则》是国际博物馆界普遍承认的参考文本。

国际博物馆协会拥有 28000 余名会员，并在 115 个国家建立了国家委员会。协会下设31 个国际专业委员会、17 个附属国际组织以及 7 个地区联盟。协会的最高权力机构是每三年召开一次的会员代表大会，各国代表将在大会期间通过选择某一特定主题，对博物馆的功能和作用展开深入讨论。

（二）中国博物馆学会

1979 年南京博物院和上海博物馆倡议成立中国博物馆学会，经有关单位协商，确定由中国历史博物馆、故宫博物院、中国革命博物馆、南京博物院、上海博物馆、北京自然博物馆、中国人民革命军事博物馆、北京鲁迅博物馆作为成立中国博物馆学会的发起单位。1980 年 7 月，8 个发起单位的负责人在北京开会，决定先成立中国博物馆学会筹备委员会。10 月，在四川成都召开了中国博物馆学会筹备委员会成立会，会上讨论并原则通过了《中国博物馆学会章程（草案）》，选举产生了中国博物馆学会筹备委员会委员。

筹备委员会成立后，发展团体会员 155 个，编辑出版《中国博协通讯》15 期，征集博物馆学论文 98 篇，完成了中国博物馆学会成立的准备工作。1982 年 3 月 23 日，在北京召开了中国博物馆学会成立大会，通过了《中国博物馆学会章程》，选举产生了理事会和常务理事会。

第四节　博物馆安全常识与法律法规

博物馆作为国家或地方收藏保护文物的机构，同时兼有考古、展览的双重作用。所以"文物安全"和"观众安全"将贯穿整个工作的始终。博物馆所收藏、保护的文物有一个重要的特点，就是所有展品都具有不可再生性，很多藏品都是孤品，其遗留数量的特殊性决定了展品的自身价值不可限量。宣教工作者的工作职能不仅是展馆的宣传接待，还应具有保护文物和观众安全的能力。所以，宣教工作者上岗前除了要掌握与讲解接待有关的专业知识，还要掌握展品的防盗安全和消防安全以及相关法律法规的基本知识和技能，才能确保展馆的正常开放。

一、博物馆消防安全

（一）消防法规

1. 消防法律法规性质和宗旨

《中华人民共和国消防法》（以下简称《消防法》）是由中华人民共和国第九届全国人民代表大会常务委员会第二次会议于1998年4月29日通过，自1998年9月1日起施行。《消防法》是我国消防工作的根本大法，是规范全社会消防行为和公安消防依法实施消防监督管理的一部基本法律。其立法宗旨是预防火灾和减少火灾危害，保护公民人身、公共财产和公民财产的安全，维护公共安全，保障社会主义现代化建设的顺利进行。

2. 消防法律法规的作用

消防法是促进消防工作法制化，推动我国消防事业发展的强大动力。它是适应经济和社会事业的迅速发展，适应社会主义市场经济体制的建立和发展，针对消防工作出现的新情况、新问题而制定的。它以法律形式明确了消防工作在领导、组织、监督、宣传、保障等方面的职责和义务，使社会各方面在同火灾做斗争中形成一个有机的、坚强的整体。作为规范消防工作和消防监督管理基本法律依据的消防法，必将促进消防工作和消防监督管理的法制化，推动我国消防事业的发展。

消防法是提高全社会消防安全意识和抵御重大火灾能力的有力武器。它突出强调"防范胜于救灾"，对及时发现、消除隐患、重点单位和部位的预防，加大消防基础设施建设和管理力度，以及消防的社会宣传教育和培训等都做了明确规定。特别是把加强建筑工程的消防安全审核监督，易燃易爆危险物品、公共娱乐场所和有火灾危险性的大型群众活动的消防管理，以及对消防产品和电器产品的要求，放到突出位置。对火灾隐患指出后仍不改正的，规定了停止施工、停止使用和停产停业的处罚。所有这些，对于提高全社会的消防安全意识和抵御重大火灾的能力将发挥重要作用，使消防工作真正成为全社会和每个公民的保护神。

消防法确立了消防工作的地位，是落实消防责任的保证。它确立了消防工作在经济建设和社会发展中的重要地位，明确了政府责任、公安机关和公安消防机构责任。同时规定了消防工作"坚持专责机关与群众相结合的原则，实行防火安全责任制"。规定了任何单位、个人都有维护消防安全、保护消防设施、预防火灾、报告火警的义务，任何单位和成年公民都有参加有组织的灭火工作的义务，这就有利于从纵向到横向层层落实责任，从而组织全社会力量共同动手做好消防安全工作。

消防法为我国消防组织的发展、建设拓宽了道路。它总结我国消防工作的成功经验，适应城乡消防工作的实际需要，借鉴国外多种形式消防队并存、专群结合的做法，规定了以公安消防队为主，发展多种形式的消防组织，包括公安消防队、专职消防队和义务消防队，这就为消防组织建设、发展拓宽了道路，有利于增强扑救火灾的能力。

消防法是发挥公安消防机构的职能、有效地实施监督管理，推进消防队伍建设的法律依据和保障。它根据同火灾做斗争的客观形势的要求，明确规定了公安消防机构的任务、职责和权利、义务，为公安消防机构充分履行职责、行使权力、依法监督管理、严格执法、公正执法、全面发挥职能作用、推进消防队伍建设提供了法律依据和法律保障。

消防法是纠正和制裁违反消防管理行为的法律准绳。它明确了法律责任，强化了纠正措施，根据消防监督管理的实际需要，对各种违反消防管理行为及其处罚做出了具体规定，加大了处罚力度，为制裁违反消防管理行为提供了法律标准和尺度。

3. 贯彻《消防法》的具体实施

①制定消防安全制度、消防安全操作规程。

②实行防火安全责任制，确定本单位和所属各部门、岗位的消防安全责任。

③针对本单位的特点，对职工进行消防宣传教育和消防安全培训。

④组织防火检查，及时消除火灾隐患。

⑤按照国家有关规定配置消防设施和器材，设置消防安全标志，并定期组织检验、维修，确保消防设施各器材完好、有效。

⑥保障疏散通道、安全出口畅通，并设置符合国家规定的消防安全疏散标志。

⑦建立防火档案，确定消防安全重点部位，设置防火标志，实行严格管理。

⑧实行每日防火巡查，并建立巡查记录。

⑨制定灭火和应急疏散预案，定期组织消防演练。

（二）消防工作方针

1. 预防为主

"预防为主"，就是在消防工作的指导思想上，把预防火灾放在首位，立足于防，动员、依靠全体工作人员，从根本上预防火灾发生和发展。火灾是可以预防的，只要在思想上、物质上、管理上落实，就可以从根本上取得同火灾斗争的主动权。

2. 防消结合

"防消结合"是指将同火灾做斗争的两个基本手段——预防和扑救有机地结合起来，做到相辅相成、互相促进。防消结合要求在做好防火工作的同时，大力加强消防队伍的建设，在思想上、组织上、技术上积极做好各项灭火准备，一旦发生火灾，能够迅速有效地予以扑灭，最大限度地减少火灾所造成的人身伤亡和物质损失。平时要加强对职工的教育，加强对义务消防队的建设，加强施工现场的检查，对重点安全部位做好消防应急预案，灭火器材要保持战备状态。

（三）博物馆消防重点

1. 现代展馆建筑的消防安全规定

①控制可燃物。

②控制引火源。

③做好建筑内部的防火分隔。

2. 古代、近现代保护建筑的消防安全规定

①建筑的管理使用单位，必须严格对一切火源、电源和各种易燃易爆物品进行管理。

②禁止利用古建筑当旅店、食堂、招待所或职工宿舍。

③重点要害场所设置"禁止烟火"的明显标志。

④在古建筑物内安装电灯和其他电器设备，必须经文物行政管理部门和公安消防机关批准。

⑤与古建筑毗连的其他房屋，应有防火分隔墙或开辟消防通道。

⑥古建筑需要修缮时，应由古建筑的管理与使用单位和施工单位共同制定消防安全措施。

⑦高大建筑物安装避雷设施。

⑧古建筑的管理与使用单位，应制定消防安全管理的具体办法，明文公布执行。

3. 展馆内部重点要害部位的消防规定

①文物库房——安全责任制、联合值班制。

②文物展厅——联合值班制、安全保卫责任制。

（四）博物馆常用灭火器的使用

宣教工作者不仅要懂得消防安全知识，更要有实际的防火、灭火能力，才能达到预期的效果，这是学以致用的过程，是有效防火、灭火的重要环节。宣教工作者消防技能包括正常情况下的消防技能，例如防火检查，异常情况或紧急情况下的处理技能，在出现险情时，能对险情做出初步判断，并及时采取有效的控制措施，等等。

1. 博物馆常用灭火器材及使用方法

（1）泡沫灭火器

泡沫灭火器适用于扑救一般 B 类火灾，如油制品、油脂等火灾，也可适用于扑救 A 类火灾，但不能扑救 B 类火灾中的水溶性可燃、易燃液体的火灾，如醇、酯、醚、酮等物质火灾；也不能扑救带电设备及 C 类和 D 类火灾。灭火时，可手提筒体上部的提环，迅速奔赴火场。这时应注意，不得使灭火器过分倾斜，更不可横拿或颠倒，以免两种药剂混合而提前喷出。

使用泡沫灭火器灭火时应注意以下几点：

①当距离着火点 10 米左右时，即可将筒体颠倒过来，一只手紧握提环，另一只手扶

住筒体的底圈，将射流对准燃烧物。

②在扑救可燃液体火灾时，如已呈流淌状燃烧，则将泡沫由近而远喷射，使泡沫完全覆盖在燃烧液面上。

③如在容器内燃烧，应将泡沫射向容器的内壁，使泡沫沿着内壁流淌，逐步覆盖着火液面。

（2）二氧化碳灭火器

二氧化碳灭火器主要依靠窒息作用和部分冷却作用灭火。灭火时，先拔出保险销，再压合压把，将喷嘴对准火焰根部喷射。扑救电器火灾时，如果电压超过 600 伏，切记要先切断电源后再灭火。此类灭火器适用于 A、B、C 类火灾，不适用于金属火灾。扑救棉麻、纺织品火灾时，应注意防止复燃。由于二氧化碳灭火器灭火后不留痕迹，因此适宜扑救家用电器火灾。

使用二氧化碳灭火器应注意以下几点：

①灭火器在喷射过程中应保持直立状态，切不可平放或颠倒使用。

②当不戴手套时，不要用手直接推喷筒或金属筒，以防冻伤。

③在室外使用时，应选择在上风方向喷射，特别是在大风的情况下使用二氧化碳灭火器时，因喷射的二氧化碳气体被风吹散，灭火效果很差。

④在狭小的室内空间使用时，灭火后，操作人员应迅速撤离，以防被二氧化碳气体窒息而发生意外。

（3）干粉式灭火器

干粉灭火器按移动方式分为手提式干粉灭火器和推车式干粉灭火器。手提式干粉灭火器适用于易燃、可燃液体、气体及带电设备的初起火灾，还可扑救固类物质的初起火灾，但不能扑救金属燃烧火灾。灭火时，可手提或肩扛灭火器快速奔赴火场，在距燃烧处 5 米左右放下灭火器。如在室外，应选择站在上风方向喷射。

干粉灭火器扑救可燃、易燃液体火灾时，应对准火焰根部扫射，如果被扑救的液体火灾呈流淌燃烧时，应对准火焰根部由近而远，并左右扫射，直至把火焰全部扑灭。如果可燃液体在容器内燃烧，应对准火焰根部左右晃动扫射，使喷射出的干粉流覆盖整个容器开口表面。当火焰被赶出容器时，仍应继续喷射，直至将火焰全部扑灭。在扑救容器内可燃液体火灾时，应注意不能将喷嘴直接对准液面喷射，防止喷流的冲击力使可燃液体溅出而扩大火势，造成灭火困难。当可燃液体在金属容器中燃烧时间过长，容器的壁温已高于扑救可燃液体的自燃点时，极易造成灭火后再复燃的现象，若与泡沫类灭火器联用，则灭火效果更佳。

推车式干粉灭火器的使用方法与手提式干粉灭火器的使用方法相同。

（4）1211 灭火器

1211 灭火器是以二氟—氯—溴甲烷为灭火剂，以氮气为驱动力的储压式灭火器，属于卤代烷类灭火器之一，主要有手提式和推车式两种。这里以手提式 1211 灭火器为例介绍，以概其余。

使用手提式 1211 灭火器时，应手提灭火器的提把，迅速赶到距燃烧物处 5 米左右。先拔出灭火器保险销，一手握住开启提把，另一手握住喷射软管前端喷嘴处，灭火器如无软管则另一手扶住灭火器底圈。先将喷嘴对准燃烧处，用力握紧开启提把，1211 灭火剂即从喷嘴喷出。灭火时，要保持直立位置，不可水平或颠倒使用，喷嘴应对准火焰根部，由远及近，快速向前推进。要防止回火复燃，零星小火则可采用点射。如遇可燃液体在容器内燃烧时，可使 1211 灭火剂的射流由上而下向容器的内侧壁喷射。如果扑救固体物质表面火灾，应将喷嘴对准燃烧最猛烈处，左右喷射。1211 灭火器由于其灭火剂会破坏臭氧层而正在被淘汰。目前，仅一些重要的资料馆和博物馆仍允许配备。

注：

A 类火灾指固体物质火灾，如木料、布料、纸张、橡胶、塑料等燃烧形成的火灾。

B 类火灾指液体火灾和可溶化的固体物质火灾，如可燃、易燃液体和沥青、石蜡等燃烧形成的火灾。

C 类火灾指气体火灾，如煤气、天然气、甲烷、氢气等燃烧形成的火灾。

D 类火灾指金属火灾，如钾、钠、镁等金属燃烧形成的火灾。

2. 灭火器使用的维护

①灭火器的设置应位置明显，便于取用，不影响安全疏散。放置处，应保持干燥通风，防止筒体受潮腐蚀。

②灭火器在运输和存放中，应避免倒放、雨淋、暴晒、强辐射和接触腐蚀性物质。

③灭火器的存放环境温度应在 0℃—45℃范围内。应避免日光暴晒和强辐射热，以免影响灭火器的正常使用。

④灭火器应按制造厂规定的要求和检查周期进行定期检查。

⑤灭火器一经开启，即使喷出不多，也必须按规定要求进行再充装。再充装应由专业维修部门按制造厂规定的要求和方法进行，不得随便更改灭火剂的品种、重量和驱动气体压力。

⑥灭火器无论是使用过还是未经使用过，从生产日期（每具灭火器的筒体上都有生产日期）算起，达到规定的维修年限后必须送维修单位进行维修，达到报废年限的必须报废，维修中，筒体经水压试验不合格的灭火器也必须报废。

（五）博物馆发生火灾险情时的观众引导

1. 作为第一线人员的责任

博物馆一旦发生火灾，在烈焰浓烟包围下，人的生命和财产、国家财产和展馆内的文物都面临严重威胁。宣教工作者作为展馆中第一线的工作者，要冷静、沉着地面对，其在第一时间的处理办法，将直接影响最终的抢险效果和人身财产安全。

2.火灾险情的抢救原则

（1）救人第一。

人的生命是最珍贵的，任何物质即使再宝贵，也不能与人的生命相提并论。因此，在抢险的过程中，要把人的安全放在第一位，在保证人身安全的前提下，再去抢救历史文物、国家财产。救人时，应遵循"就近优先、危险优先、弱者优先"的基本要求，初起火灾容易扑救，但必须正确运用灭火方法，合理使用灭火器材和灭火剂，才能迅速、有效地扑灭初起火灾，减少火灾危害。

（2）财产以保存为原则。

当财物被烧毁以后，就无法再生。这就要求抢险工作进行时，即使让财物被水淹或者其他形式的破坏，也要尽量避免被火灾的破坏。

二、博物馆防盗安全

（一）博物馆安全保卫工作方针及基本措施

《博物馆安全保卫工作规定》第二条规定，博物馆安全保卫工作必须认真贯彻执行"预防为主，确保重点，打击敌人，保障安全"的方针，实行逐级岗位责任制，加强内部治安管理，积极推进综合治理。

博物馆防盗安全的基本措施包括以下几点：

①存放文物的主要场所——文物库房、展厅、修复间等，房屋必须坚实、牢固，具备可靠的防盗功能，要有厚实的墙体、牢固的门窗、坚硬的屋面。

②对文物必须实行科学管理，这是保证文物安全的一项重要工作。

③文物陈列和保管设备要坚固。一级文物是重点保卫对象，收藏时必须置入防盗保险柜内，展出时要安装报警装置。

④要配备足够的保卫力量和警卫人员。

⑤加强技术防范。

⑥严格执行文物保管纪律。文物保管人员进入库房必须两人同时进出。库房门锁必须两人同开，互相制约。严格控制非库房工作人员进入库房。

（二）博物馆安全技术防范系统

博物馆安全技术防范系统是以安全防范技术为先导，以人力防范为基础，以技术防范和实体防范手段所建立的一种具有探测、延迟、反应有序结合的安全防范服务保障体系。它包括：防盗报警系统、闭路电视监控系统、出入控制系统、供电及防雷系统等。以上各分系统的作用、特点整合，互相依赖、互相配合，构成了博物馆安全技术防范的作用和特点。

1.防盗报警系统

防盗报警系统主要由周界报警、通道报警、空间报警、展柜报警和报警控制系统组成。

（1）周界报警

防盗报警系统的第一道防线是周界报警，它能够为值班人员最早发现目标提供依据，为围捕行动提供宝贵的处理时间。目前国内普遍采用的周界报警设备通常有红外对射报警探测器、振动电缆、泄漏电缆、感应电缆、微波墙、视频报警等产品。除视频报警外，这些产品普遍存在一个问题，就是发生报警后，控制系统只能显示某地段报警，并不能说明是误报还是实报，是动物还是人，是有人从里向外还是由外向里触发的报警。要想确认必须辅以摄像机复核。上述系统还普遍存在一个问题，就是如果在雨天、雾天或夜间、摄像机复核将不能完全发挥其作用，而反映不出现场的实际情况。

红外对射报警探测器是目前广泛使用的一种周界报警产品，但是红外对射报警探测器也有不足的地方，就是雾天红外对射报警探测器会全部失效，因此在多雾地区应采用激光对射探测器。还有一个就是误报警问题，如一个空塑料袋被风吹起、树枝的摇摆、大型的飞鸟及小动物经过时，红外对射区域都会引起报警。

视频报警是一种较新的周界报警产品，它对大面积的院落、通道及围墙有较好的防护报警作用，但价格较高，使用视频报警系统一定要考虑夜视问题，保证夜间现场有辅助灯光或红外光源。雾天采用普通摄像机视频报警也会失效。

（2）通道报警。

通道报警是指防护区域内的门、窗、走道、院落，是防盗报警系统的第二道防线，它主要采用的产品有存在式探测器、幕帘式探测器、红外栅栏、门磁开关、振动探测器、室外探测器等。

（3）空间报警。

室内空间报警是防盗报警系统的第三道防线，目前广泛使用的产品有多源被动红外探测器、双技术探测器、微波探测器、玻璃破碎探测器、视频报警等产品。安装室内空间报警探测器，每个房间应该采用多种探测手段，探测器的安装位置最好让探测器的探测方向能够横向切割人员走动的方向，离门窗较近的地方应该考虑采用防遮挡探测器。微波探测器的灵敏度较高，并具有穿透玻璃、木材等非金属材料的功能，可以隐蔽安装，避开犯罪分子的踩点，提高抗技术盗窃的能力，也可以将微波探测器对准窗外当周界报警使用。

（4）展柜报警。

展柜报警是防盗报警系统的最后一道防线，目前采用的有驻波探测器、存在式探测器、压力传感器、移位传感器等。中小型展柜采用进口的驻波探测器效果较好，大型展柜采用存在式探测器效果较好，也可以采用超细漆包线固定在文物下面做断线报警或购买微动开关效果也非常好。对于没有展柜的文物，如名画、雕塑等，有条件的单位可以采用图像报警或红外栅栏，也可以采用断线报警或压力报警。

（5）报警控制系统。

报警控制系统是防盗报警系统的心脏，衡量一个报警控制系统的标准是反应时间。按规定，博物馆的报警反应时间不能大于2秒。为了防止技术盗窃，博物馆应该采用具有多种传送功能的产品，如有线与无线相结合、有线与网络相结合、网络与电话相结合等方式。如果一个博物馆发生盗窃案件，能否保住国家财产的关键问题是时间。一是尽早发现目标，二是尽可能地缩短报警复合时间。这就需要报警控制系统有一个很好的控制平台，如果发生报警，报警点的位置、报警地区的图像、声音要同时切过来，如果报警地区没有照明，系统还应该能够自动将灯光打开，为值班人员提供最直接的判断资料，这样就能大大缩短报警确认时间。

2. 闭路电视监控系统

闭路电视监控系统有三种作用，一是报警时进行图像复合。二是记录，为以后的查询与检索事件的发生经过提供图像资料。三是管理。白天开馆时，掌握博物馆内的观众的参观情况，发现问题时，便于指挥与调度。开放区域最好采用红外灯或红外一体化摄像机。

声音复合是安全防范不可缺少的组成部分，它也是报警复合的一种手段。由于闭路电视监控系统耗电量大，如果供电系统出现故障或被人为破坏，备电系统将很难保证闭路电视监控系统的用电，由于声音复合系统耗电量小，当供电系统出现故障时，同样能够保障报警后的复合。声音复合也可以说是对抗技术犯罪的一种备用手段。

3. 出入控制系统

出入控制系统有两种：一种是观众的出入控制，一种是内部人员的出入控制。电子门票系统是一项集电子技术、计算机技术、信息技术、机械制造、软件于一体的高科技产品，它利用现代的科技手段代替传统的售检票方式，可以有效地防止假票、人情票等，并实现所有的统计与结算的自动化，可以快速、准确地得到所有票务信息，及时实施相关的措施来改善服务质量。它具有全方位的实时监控和管理功能，对于提高博物馆的现代化管理水平有着显著的经济效益和社会效益。

门禁控制系统，是加强博物馆安全管理的一种有效手段，因为门禁控制系统具有记录和查询功能，可以做到进出自动记录，一旦发生事故，能凭记录追查责任人，并可对库房、展厅等重要部位进行时间设定。如进入库房必须两个人同时进入、同时读卡，库门才能打开，下班后所有卡片都不能使用等管理措施，这样对防止内盗能够起到一定的作用。如果发生盗窃案件，警务人员使用卡片进入案发地区要比使用钥匙快得多。

4. 供电及防雷系统

供电系统的稳定与安全，决定了技术防范系统是否能够正常工作。对博物馆安全防范系统进行设计时，首先要考虑进入到控制室的供电线路不易被人为破坏，前端设备的供电最好直接由控制室供电，防盗报警系统及声音复合系统应该考虑8—10小时的蓄电池备电。防雷是保证技术防范设备能够正常工作的附属设备。首先，博物馆的控制室供电系统要考虑电源防雷；其次，室外摄像机要考虑视频、电源、数据的防雷。

（三）博物馆警卫巡逻和值班制度

1. 巡逻范围、巡逻记录和值班制度的规定

①《博物馆安全保卫工作规定》第五章第十四条规定："展厅工作人员和警卫人员值勤时，必须忠于职守，不得擅离岗位。发现可疑迹象，立即报告领导。认真做好开馆前和闭馆后的文物检查和清馆净场工作，填写安全检查记录和交接班记录。切实加强闭馆期间的警卫巡逻和干部值班制度。"

②《博物馆安全保卫工作规定》第五章第十五条规定："对犯罪分子可能利用的登高工具和有利地形、建筑，要及时处理，并重点加强警戒。"

2. 巡逻范围、巡逻记录、值班制度的具体要求

①认真填写安全检查和交接班情况登记工作记录，做到责任明确，有据可查。

②加强值班制度，重要文物必须做到24小时不失控、不脱管，要切实加强闭馆期间的警卫巡逻和干部值班工作。

三、博物馆相关法律法规

（一）文物概述

1. 文物的概念

文物，在古代被称为古器、古董、古玩。1982年11月19日，第五届全国人民代表大会常务委员会第25次会议通过的《中华人民共和国文物保护法》第二条，对保护文物的范围做了明确规定，在中华人民共和国境内，下列具有历史、艺术、科学价值的文物，受国家保护：

①具有历史、艺术、科学价值的古文化遗址、古墓葬、古建筑、石窟寺和石刻。

②与重大历史事件、革命运动和著名人物有关的，具有重要纪念意义、教育意义和史料价值的建筑物、遗址、纪念物。

③历史上各时代珍贵的艺术品、工艺美术品。

④重要的革命文献资料以及具有历史、艺术、科学价值的手稿、古旧图书资料等。

⑤反映历史上各时代、各民族社会制度、社会生产、社会生活的代表性实物。

《文物保护法》第二条同时还规定："具有科学价值的古脊椎动物化石和古人类化石同文物一样受到国家的保护。"

这些规定体现了文物应具备以下三个特点：

第一，文物一般具有历史、艺术、科学三个方面的价值。具体到每一件文物，不一定都具有三个方面的价值，但至少要具有其中一方面的价值，否则就不能称其为文物。

第二，文物应是重要的、有代表性的实物。不具备这一点，也不宜作为文物保护。

第三，国家保护的文物具有广泛性，应是反映历代社会制度、社会生产、社会生活、

文化艺术、科学技术等方面的有代表性的实物。各个方面的文物之间具有广泛和密切的联系，只有全面保护各个方面的文物，才能使文物的价值不受损害。

至此，我们可以对什么是文物做出回答。文物是人类社会活动中遗留下来的具有历史、艺术、科学价值的遗物和遗迹。也可以说，它是历史上物质文化和精神文化的遗存，具有历史、艺术、科学价值，是重要的文化遗产。

2. 文物工作者守则

1981年4月28日，国家文物局为了贯彻执行党的文物工作、路线、方针、政策，加强社会主义精神文明建设，制定了《文物工作人员守则》，要求全体文物工作者必须遵纪守法，严格执行国家各项有关规定，在工作中切实遵守《文物工作人员守则》，严禁将文物化公为私，监守自盗；严禁将文物作为礼品赠送给任何个人；严禁利用职权，为自己或亲友收购文物。

3. 我国目前适用的文物保护法律法规及行政章程

（1）法律。

《中华人民共和国文物保护法》（以下简称《文物保护法》）

《中华人民共和国刑法》（部分）

《中华人民共和国城市规划法》（部分）

《中华人民共和国城市广告法》（部分）

《中华人民共和国城市拍卖法》（部分）

《中华人民共和国治安管理处罚条例》（部分）

《中华人民共和国海关法》（部分）

（2）法规。

《中华人民共和国文物保护法实施细则》

《中华人民共和国消防条例实施细则》（部分）

《中华人民共和国水下文物保护管理条例》

《国务院关于进一步加强文物工作的通知》

《中华人民共和国考古涉外工作管理办法》

《中共中央办公厅、国务院办公厅转发〈公安部、国家文物局关于严厉打击盗掘古墓犯罪活动的意见〉的通知》

（3）行政法规。

《关于加强文物市场管理的通知》

《关于禁止非法买卖文物的通告》

中华人民共和国海关《关于进出境旅客通关的规定》

《纪念建筑、古建筑、石窟寺等修缮工程管理办法》

《古建筑消防管理规则》

《田野考古工作规程（试行）》

《文物出境鉴定管理办法》

《全国重点文物保护单位保护范围、标志说明、记录档案和保管机构工作规范（试行）》

《关于拍摄电影、电视有关文物的暂行规定》

《博物馆藏品管理办法》

《文物藏品定级标准》

《省、市、自治区博物馆工作条例》

《博物馆安全保卫工作规定》

《上海市优秀近代建筑保护管理办法》

（4）有关文物保护的重要国际公约。

《武装冲突情况下保护文化财产公约》

《关于禁止和防止非法进出口文化财产和非法转让其所有权的方法的公约》

《保护世界文化和自然遗产公约》

《国际古迹保护与修复宪章》

（二）地面文物和地下文物的管理

1. 地面文物

（1）文物保护单位。

文物保护单位是专指我国政权机关（人民政府）按照法定程序审核公布的、历代遗留下来的、具有历史、科学和艺术价值的革命遗址、纪念建筑物、古文化遗址、古墓葬、古建筑、石窟寺以及石刻等六大类，一般来说不能整体移动的文物。

根据《文物保护法》的规定，我国的文物保护单位分为国家级、省（直辖市、自治区）级和县（市、区）三级。

《文物保护法》第9条规定，各级文物保护单位必须由政府划定必要的保护范围及建设控制地带，做出标志说明，建立记录档案，并区别情况分别设立专门机构或专人负责管理。这就是文物保护的"四有"工作，即有保护范围、有标志说明、有科学记录、有人保管。"四有"不仅政治性很强、涉及面较广，同时学术性也很强。"四有"工作本身并不一定能提高文物的价值，但在加强管理工作的基础上开展科学研究工作，却可以使文物的内涵得到强化和拓展。

（2）馆藏文物的管理。

1）保管。

馆藏文物是指经过科学鉴定，具有历史、科学和艺术价值，符合博物馆、纪念馆收藏标准并完成登记、编目登卡等入库手续的各类可移动文物。馆藏文物必须经过分级、登记、建档、入库的程序。国家文物局规定，我国的馆藏文物分为一、二、三级。全民所有制的博物馆、纪念馆、图书馆和其他文物收藏单位，必须建立严格的管理制度，并向文化行政管理部门登记。地方文化行政管理部门应建立本行政区域内的馆藏文物档案。国家文化行政管理部门应建立国家一级文物藏品档案。

2）安全保卫制度。

各文物收藏单位的藏品，应有固定、专用的文物库房，设立专人管理，并应安置必要的保管设备，使其有防火、防盗、防潮、防虫、防尘、防光、防震、防空气污染等功效。藏品的提用、出入库等应有健全的手续。

2. 地下文物

（1）考古发掘的概念和方法。

考古发掘是指考古专业人员为了科学研究，经文物行政部门批准，根据发掘计划，对埋藏文物的地方、对古文化遗址、古墓葬，进行调查、勘探和发现、挖掘文物的活动或工作。它的内容包括考古调查、考古勘探、考古发掘、考古摄影、考古测绘、对出土文物的整理修复，以及运用科学方法进行鉴定、断代等工作。

我国目前考古发掘的原则是配合基本建设发掘为主，主动发掘为辅。《文物保护法》以及有关规定、条例规定了我国考古发掘的四种方法，分别是考古发掘、主动发掘、抢救性发掘和特许发掘。

（2）考古发掘的管理。

《文物保护法》《古遗址、古墓葬调查、发掘暂行管理办法》和文化和旅游部关于颁发《中华人民共和国考古发掘申请书》以及《中华人民共和国考古发掘证照》的通知，对四种考古发掘方法做了明确的规定：

①参加考古发掘的单位和个人必须具有考古发掘资格。试掘前应做出计划，经省级文化管理部门批准后，方可进行考古发掘。

②从事主动发掘的文物机构、研究单位和高等院校在发掘时，应事先征求发掘项目所在地省级文化行政管理部门的意见。同时，还应与土地使用单位或个人进行协商，然后填写《中华人民共和国考古发掘申请书》，经国家文化行政管理部门会同中国社会科学院审查同意，由文化部颁发《中华人民共和国考古发掘证照》后，方能进行发掘。

③抢救性发掘是"确因建设工期紧迫或有自然破坏的危险，对古文化遗址、古墓葬急需进行抢救的"被动性考古发掘。此类发掘可由省级文化行政管理部门组织力量进行，同时应向文化和旅游部报告，并在发掘动工之日起一个月内补办《中华人民共和国考古发掘申请书》，补领《中华人民共和国考古发掘证照》。

④《文物保护法》第21条规定，任何外国人或外国团体要在中国境内进行考古调查和发掘，应由国家文化行政管理部门报国务院特别许可后才能进行。任何一级地方政府均无权审批。

（三）文物保护法奖惩规定

1. 奖励

《文物保护法》第十二条规定，有下列事迹的单位或者个人，由国家给予精神鼓励或者物质奖励：

①认真执行文物保护法律、法规，保护文物成绩显著的。

②为保护文物与违法犯罪行为做坚决斗争的。

③将个人收藏的重要文物捐献给国家或者为文物保护事业做出捐赠的。

④发现文物及时上报或者上交，使文物得到保护的。

⑤在考古发掘工作中做出重大贡献的。

⑥在文物保护科学技术方面有重要发明创造或者其他重要贡献的。

⑦在文物面临破坏危险时，抢救文物有功的。

⑧长期从事文物工作，做出显著成绩的。

2. 惩罚

①在地下、内水、领海及其他场所中发现文物隐匿不报，不上交国家的，由公安部门给予警告或罚款，并追缴非法所得文物。

②未经批准从事文物买卖，由工商行政管理部门或工商部门根据文化行政管理部门的意见，没收其非法所得和非法经营的文物，同时可处以罚款。

③私自将文物卖给外国人的，由工商部门给予罚款，并可没收其文物和非法所得。

④贪污或者盗窃国家文物的；破坏珍贵文物、名胜古迹的；非法经营（包括收购、贩运、转手倒卖）文物情节严重的；走私珍贵文物出口的均依法追究刑事责任。对私自挖掘古文化遗址、古墓葬的，以盗窃论处。

第五节　高新技术与博物馆融合技术介绍

智慧博物馆的实现主要依赖于物联网、大数据、云计算和移动通信技术。物联网是实现智慧博物馆的基础，负责透彻地感知、全面地互联。大数据是智慧博物馆的资源，是产生智慧决策、管理和服务的基础。云计算是大数据得以发挥作用的基础，实现快速、高效的大数据处理和分析。移动通信与互联网的作用一样，在智慧博物馆中源源不断地向大数据层汇聚数据和接收数据，同时为用户随时随地的体验、使用和访问提供支持。除此之外，虚拟现实、全息、增强现实、智能中控、室内定位、三维展示等技术也在很大程度上提升博物馆的智能化水平，极大地增强观众的体验感。

一、物联网

物联网英文名为 The Internet of Things，是物与物、人与物之间的信息传递与控制，它具有普通对象设备化、自治终端互联化和普适服务智能化三个重要特征。其概念最初由美国麻省理工学院（MIT）凯文·阿什顿和他的同事在 1999 年建立的自动识别中心（Auto-ID Labs）提出。他们主张将射频识别技术（Radio Frequency Identification，RFID）和互联网结合起来，为每个产品建立全球唯一的标识产品电子代码（Eleetronic Product Code，EPC），采用射频识别技术实现对产品的非接触式自动识别，然后通过互联网实现产品信息在全球范围内的识别和管理，形成物联网。

2005 年，国际电信联盟（International Telecommunication Union，ITU）在突尼斯举行的信息社会世界峰会（Would Summiton the Information Society，WSIS）上正式确定了"物联网"的概念，发布了报告 ITU Interner reports 2005——the Internet of things，并将物联网定义为：通过将短距离的移动收发器内嵌到各种配件和日常用品中，使人与人、人与物、物与物之间形成了一种新的交流方式，即在任何时间、任何地点都可以实现交互。随着物联网的发展，其定义和范围已经发生了变化，覆盖范围有了较大的拓展。2009 年，IBM 公司首席执行官彭明盛在"智慧地球"的理念中对物联网进行了如下描述：运用新一代的 IT 技术，如射频识别技术、传感器技术、超级计算机技术、云计算等，将传感器嵌入或装备到全球的电网、铁路、公路、桥梁、建筑、供水系统等各种物体中，并通过互连形成"物联网"；而后通过超级计算机和云计算技术，对海量的数据和信息进行分析与处理，将物联网整合起来，实施智能化的控制与管理，从而达到全球的"智慧"状态。目前对物联网较为常用的定义是：通过射频识别、红外感应器、全球定位系统、激光扫描器等信息传感设备，按约定的协议，将任何物品与互联网相连接，进行信息交换和通信，以实现智能化识别、定位、追踪、监控和管理的一种网络。物联网的基本特征是全面感知、可靠传送和智能处理。全面感知主要是指利用射频识别、二维码、传感器等感知、捕获、测量技术，随时随地对物体进行信息采集和获取。可靠传送是指通过将物体接入信息网络，依托各种通信网络，随时随地进行可靠的信息交互和共享。智能处理是指利用各种智能计算技术，对海量的感知数据和信息进行分析并处理，实现智能化的决策和控制。

物联网的体系结构主要分为：感知层、网络层和应用层。感知层相当于人的感知觉层面，用于识别物体、采集信息，主要利用二维码标签和识读器、RFID 标签和读写器、摄像头、扫描仪、GPS（全球定位系统）、传感器、传感器网络等实现。在智慧博物馆中，主要采集文物保存环境的湿度、温度、二氧化碳浓度、粉尘颗粒浓度等，参观人员的数量、行为、位置等，展品的位置、基础环境情况等。网络层主要借助于已有 PSTN（公用电话交换网）、移动网络、互联网等把感知层获取的信息快速、可靠、安全地传送到各个地方，实现远距离、全方位的通信。在智慧博物馆中，主要实现部门与部门之间、人与人之间、物与物之间、人与物之间的信息交流。应用层完成信息的汇总、计算、分析、知识挖掘等，相当于物联网的控制层、决策层，提供丰富的应用项。在智慧博物馆中，应用层主要实现智慧管理、智慧保护和智慧服务。

二、大数据

大数据英文名为 Big Data，意为一个体量特别大、数据类别特别大的数据集，并且这样的数据集无法用传统数据库工具对其内容进行获取、管理和处理。大数据的特点主要体现在以下四个层面：

（1）体量巨大，现在的大型数据集数据量一般在 10TB 规模左右，但在实际应用中，很多用户把多个数据集放在一起，已经形成了 PB 级的数据量；

（2）类型繁多，数据来自多种数据源，数据种类和格式不断扩充，已不再局限于结构化数据范畴，囊括了半结构化和非结构化数据，如网络日志、视频、图片、地理位置信息等；

（3）处理速度快，在数据量非常庞大的情况下，也能够做到数据的实时处理；

（4）价值密度低，价值密度的高低与数据总量的大小成反比，即数据童呈指数增长的同时，隐藏在海童数据中的有用信息却没有相应比例增长，反而使人们获取有用信息的难度加大，以视频为例，1 部 1 个小时的视频，在连续不间断的监控中，有用数据可能仅有 1—2 秒。

智慧博物馆中的大数据来自日积月累的藏品、观众、环境、设施等，以及网络空间的微博、博客、播客等多方面数据，数据量异常庞大。在类型上，不仅包括结构化的数据、二维数据表等，也包括半结构化数据、邮件、资源库等，还包括非结构化数据，如藏品图像、藏品三维模型、展览视频、讲座录像、观众语音留言等，数据类型多样。在处理速度上，由于智慧博物馆要及时地为观众提供个性化的服务，因此需要实时采集、处理、分析大量与观众参观行为、使用偏好、互动交流相关的数据，数据处理速度快，响应及时。在价值密度上，智慧博物馆中的各类数据随时间的日益增加并不会将有价值的信息自动呈现出来，比如，关于 5 年、6 年，甚至 10 年内的观众参观数据看上去并没有明显差异，但需要利用更为快速、复杂、智能化的数据分析方法来挖掘其中的有用信息，将信息转换为特定领域的知识，以指导决策。对大数据而言，其基本处理流程包括数据采集、数据处理和集成、数据分析和数据解释。围绕这些基本步骤，一批涉及数据存储、管理、处理和分析等的关键技术不断涌现出来，具体包括数据挖掘、关联规则学习、数据融合与集成、情感分析、网络分析、时间序列分析、分布式文件系统、分布式数据库、非关系数据库和数据可视化等。

三、云计算

云计算英文名为 Cloud Computing，其概念和理论于 2006 年由谷歌在"Google101 计划"中正式提出。此后，云计算进入公众视野。云计算是由分布式计算、并行处理、网格计算发展而来，是一种新兴的商业计算模型，也是虚拟化、效用计算、将基础设施作为服务、将平台作为服务和将软件作为服务等概念混合演进并提升发展的结果。目前，人们关于云计算的认识还在不断发展变化中，仍没有形成统一的定义。美国标准化技术机构（National Institute of Standardsand Technology，NIST）的定义是：云计算是一种资源利用模式，它能以方便、友好、按需访问的方式通过网络访问可配置的计算机资源池（例如网络、服务器、存储、应用程序和服务)，在这种模式中，可以快速供应并以最小的管理代价提供服务。中国网格计算、云计算专家刘鹏给出如下定义：云计算将计算任务分布在大量计算机构成的资源池上，使各种应用系统能够根据需要获取计算力、存储空间和各种软件服务。简单理解就是，云计算是一种方便的使用方式和服务模式，通过互联网按需访问各类资源池。

云计算主要有以下几个特点：

（1）按需服务。用户可以根据自身实际需求按需购买云计算资源，就像使用公共服务中的水、电和煤气一样。

（2）服务资源池化。服务提供者将各类资源（存储、处理、内存、带宽和虚拟机等）汇集到资源池中，通过多租户模式共享给多个用户，根据用户的需求对不同的物理资源和虚拟资源进行动态分配或重分配。对用户而言，具体物理资源的位置对他们是透明的。

（3）高可扩展性。用户随时随地可以根据实际需求，快速弹性地请求和购买服务资源，扩展服务内容，比如计算资源、存储资源等。

（4）广泛的网络访问。用户可以用不同的设备，包括个人计算机、手机、平板电脑等通过网络获取云计算资源，享受所提供的服务。

（5）可度量的服务。云服务系统可以根据服务类型提供相应的计量方式，报告给用户和服务提供商，并可根据具体使用类型收取费用，还可以监测、控制和管理资源使用过程。

从云计算部署的角度出发，云计算分为私有云、社区云、公共云和混合云。私有云是由一个组织进行管理和操作的。社区云由多个组织共同管理和操作，具有一致的任务调度和安全策略。公共云由一个组织进行管理维护，提供对外的云服务，可以被公众所使用。混合云是以上两种或两种以上云的组合。从云计算服务的角度出发，云计算服务类型可以分为基础设施即服务（Infrastructure as a Service，IaaS）、平台即服务（Platform as a Service，PaaS）和软件即服务（Software as a Service，SaaS）。在智慧博物馆中，云计算将各种存储、处理、分析等资源进行集中管理，实现了计算功能的超强组合，能够将大数据的作用充分发挥出来，可以实现对海量多格式、多模式数据的跨系统、跨平台、跨应用的统一管理、高效流通和实时分析，过滤无用信息，充分挖掘其价值。然而。如果没有大数据的信息积累，智慧博物馆的云平台也不能完全发挥作用，所以两者关系相辅相成，需要共同建设和发展。

四、移动通信

移动通信英文名为 Mobile Communication，是移动对象之间的通信，或移动对象与固定对象之间的通信。移动对象可以是人，也可以是汽车、火车、轮船、收音机等在移动状态中的物体。移动通信系统从 20 世纪 80 年代诞生以来，已经经过 4 代的发展历程：20世纪 70 年代中期至自 20 世纪 80 年代中期的 1G，模拟制式的移动通信系统；20 世纪 80 年代中期至 20 世纪末的 2G，风靡全球十几年的数字蜂窝通信系统；自 2000 年左右开始的 3G，移动多媒体通信系统，提供的业务包括语音、传真、数据、多媒体娱乐和全球无缝漫游等；2010 年 3G 过渡到 4G，4G 是真正意义的高速移动通信系统，集 3G 与 WLAN于一体，并能够快速传输高质量图像、音频、视频和 3D 动画等，支持交互多媒体业务，是宽带大容量的高速蜂窝系统。除蜂窝系统外，宽带无线接入系统、毫米波 LAN、智能传输系统（Intelligent Transport Systems，ITS）和高空同温层平台（High Altitude Platform Station，HAPS）系统将陆续投入使用。2020 年以后，迎来 5G 时代，它具有超高的频谱利用率和能效，在传输速率和资源利用率等方面较 4G 移动通信提高一个量级或更高。其无线覆盖性能、传输时延、系统安全和用户体验也将得到显著的提高。5G 移动通信将与其他无线移动通信技术密切结合，构成新一代无所不在的移动信息网络，满足未来 10 年移动互联网流量增加 1000 倍的发展需求。5G 系统还具备充分的灵活性，具有网络自感知、自调整等智能化能力。移动通信的最终目标是与其他通信手段一起，共同实现任何用户在任何时间、任何地点与任何人通信的目的。

移动通信的发展极大地促进了移动终端的丰富和扩展，手机、平板电脑等都成了接入设备。在智慧博物馆系统中，基于移动通信平台，观众通过各种移动终端可随时随地地获取有关展览、藏品、活动等信息。观众通过手机定制博物馆推送的信息类型，观看各类讲座视频，参与互动游戏，建立自己的线上藏品库，甚至可以构建自己的博物馆空间。观众获取资料的类型不仅有文字、图像和视频，而且还包含 3D 模型、虚拟现实场景等，极大丰富了可视化、可听话、可感化的体验。在实体参观中，观众不仅可以利用智能手机、iPad 等享受到基于位置的参观服务，而且也可以自助扫描二维码等获取藏品解读信息，并可与其他参观者进行线上互动讨论、分享照片和参观体验。移动通信的出现为"掌上博物馆""移动博物馆""无处不在的博物馆"的实现奠定了技术基础。

五、虚拟现实

虚拟现实技术（Virtual Reality，简称 VR）是一种可以创建和体验虚拟世界的计算机仿真系统，它利用计算机生成一种模拟环境，是一种多源信息融合的、交互式的三维动态视景和实体行为的系统仿真，能使用户沉浸到该环境中。

VR 技术是利用计算机对现实世界进行仿真或是创建一个未知的虚拟环境，让使用者从视觉、听觉、触觉等方面来感受模拟的空间。如果使用者进行位置的移动，计算机可以立即进行计算，将精确无误的模拟影像传回，让使用者如同身临其境。因此，VR 技术具有身临其境感、构建性、交互感、动作性以及自主性等特征。

目前，VR 技术多应用于医学、军事航天、工业仿真、室内设计、教育等领域，并逐渐在博物馆文物保护和科技展陈中运用，运用 VR 技术可以创建一个新的场景，特别适合于那些已经消失或者残缺文物的展示，起到保护文物的作用，同时可以对文物遗址进行复原，让观众不到实体博物馆就可以通过 VR 技术身临其境般地游览博物馆。

六、全息技术

全息技术是综合运用互联网、人工智能和光电信息处理的一门技术。其原理是利用光的干涉与衍射，实现对物体信息的记录与还原，其中被记录的干涉条纹称为全息图。与 VR 技术不同的是，全息技术本质上是一种投影技术，只需将影像投射到一定的介质上就可直接观看到逼真的立体影像，而无须借助特定的头戴式显示器。

目前，全息技术在博物馆领域的应用形式主要有全息投影技术和幻影成像技术，其中，全息投影技术是一种虚拟成像的显示方式，其基础原理的工作方式是：通过光源如投影仪和 LED 将制作好的三维物体视频，投射在贴着全息膜的材质片面上，通过干涉和衍射技术，使投影素材除了黑色之外的像素信息显现出来，最后给人的视觉效果集立体感和真实性于一体。另一种常用的技术是幻影成像，这种投影成像是基于四面椎体的全息膜材质，当制作好的视频内容通过光源投射到四面体椎体全息膜材质时，光线的衍射将会使光信号反射后聚集在一起，形成具有真实立体效果的影像。

七、增强现实

增强现实技术（Augmented Reality，简称 AR），它是一种将真实世界信息和虚拟世界信息"无缝"集成的新技术，是把原本在现实世界的一定时间空间范围内很难体验到的实体信息（视觉信息、声音、味道、触觉等），通过电脑等科学技术，模拟仿真后再叠加，将虚拟的信息应用到真实世界，被人类感官所感知，从而达到超越现实的感官体验。真实的环境和虚拟的物体实时地叠加到了同一个画面或空间中。

目前，移动 AR 技术正如火如荼地发展着，它的基本原理是：通过手机摄像头拍摄现实场景，当 AR 在设计的时候确定了相关的识别源，在手机抓拍与识别源相关联的现实场景后即可触发，并通过服务器运算或者在数据库中检索到，即可实现虚拟场景和现实场景的叠加，实现真实世界和虚拟世界的融合再现。

一直以来，人们都希望文物能够"活"起来，AR 技术特别适用于静态场景的动态虚拟叠加，特别是在博物馆文创产品的开发中，AR 技术的应用非常广泛，比如文创电子书，让原本静态的图文变得活泼起来，更好地实现了人和物的互动。

八、智能中控

中控系统是指对声、光、电等各种设备进行集中控制的设备。它应用于多媒体教室、多功能会议厅、指挥控制中心、智能化家庭等。用户可用按钮式控制面板、计算机显示器、触摸屏和无线遥控等设备，通过计算机和中央控制系统软件控制投影机、展示台、影碟机、录像机、卡座、功放、话筒、计算机、笔记本、电动屏幕、电动窗帘、灯光、音响等设备。当把几个独立的中央控制系统相互连接起来，就可构成网络化的中央控制系统，可实现资源共享、影音互传和相互监控，协同控制计算机、影碟机、录像机、视频展台等现代视听设备，并集中控制电动窗帘、灯光、幕布等设备，通过大屏幕投影，营造出一个高清晰、高保真、受控声光背景的现代化多媒体视听教学环境。

随着信息技术的高度发展，博物馆展馆也引入大量的硬件设施设备，并充分利用声、光、电技术营造高品质的展陈形式，对此，智能中控在博物馆领域发挥着重要的作用，管理员只需要通过平板电脑、手机、触屏等终端，即可实现对展厅、展馆的所有电子设备等硬件系统进行智能化控制。可统一或单独控制展厅中各种设备开关；智能化控制展厅展馆环境设备，如窗帘、电动屏幕、音响等；对展馆内展示系统进行控制，自由调控影片的播放、切换、音量调节及影片播放的进度等，同时支持对展馆灯光可实现强度由强到弱等不同变化。

九、室内定位技术

室内定位是指在室内环境中实现位置定位，主要采用无线通信、基站定位、惯导定位等多种技术集成形成一套室内位置定位体系，从而实现人员、物体等在室内空间中的位置监控。

除通信网络的蜂窝定位技术外，常见的室内无线定位技术还有 Wi-Fi、蓝牙、红外线、超宽带、RHD、ZigBee（紫蜂）和超声波。

定位技术可以提供精准室内导航、人员 / 物品实时定位、历史轨迹查询、虚拟地理围栏、位置数据收集、系统联动、互动营销，因此在博物馆领域广泛应用，下面将分别对这些应用情况进行介绍。

（一）精准室内导航

在复杂室内环境下实现基于移动智能终端的实时导航，精度一般为 1~5 米，可实现跨楼层路线导引。主要应用于大型商超为客户提供智能导购、医院为病患提供电子导医、智慧园区为访客提供智能引导等服务。

（二）人员 / 物品实时定位

可对人员、物资、设备等目标进行精准定位，精度一般分为厘米级定位、米级精度的定位，主要应用于人员定位看护、物资定位管理。常见场景有访客定位管理、仓储设备定位管理等。

（三）历史轨迹查询

可随时查看人员、物品在某个时间段内的移动轨迹，便于实现人员岗位巡查、人员行为分析、物资调度安排等。主要应用于事件历史追溯、养老院老人智能看护等。

（四）虚拟地理围栏

通过系统在关键区域设置虚拟围栏，一旦人员、物资、设备，未经授权进入或离开某区域立即预警，保障安全。主要应用于人员防走失、岗位管理、物资管控等。

（五）位置数据收集

可在数万人的大型会展中实现全时段位置信息收集，全面收集人群行为轨迹，查看人员在某展位的停留时间、观览数据，提供精准营销数据，为客户回访和针对性营销提供保障，提升展会客户转化率。

（六）互动营销

对于大型商超、景区、会展等场景，可以通过互动消息的推送实现线上线下互动营销，如微信"摇一摇周边"、景区智能导览等大多是基于此服务。

（七）系统联动

可以与定位现场的声光报警系统、视频监控系统进行联动，实现预警的同时触发警铃或是现场视频画面，便于高效决策。

十、三维展示技术

文物的三维虚拟展示与参观是信息技术提供文化遗产传播最直接和最重要的形式。与传统方式相比，其优点有：可以突破时间和地域限制，极大地拓展文化遗产的影响；可以防止参观者与文物的直接接触，使得大规模的非破坏性展示成为可能，加强了对文物的保护；可以虚拟地复原出文物的原始面貌，为参观和研究提供更为丰富的资料。

三维场景编辑陈展的关键是三维建模。虚拟现实中的三维建模分为数据建模和过程建模。数据建模包括连续建模和离散建模，过程建模包括分形建模、图像建模、图形建模、几何建模和混合建模。其中，对于文物三维建模来说，整个过程大致包括三维原始数据获取、去除噪声、曲面拼接、修补"洞"，最终得到一个可以在计算机上显示的具有三维特征的网格。通过表面绘制功能，抽取三维原始数据中的表面数据，将贴图纹理附着于网格模型基础上，形成文物的三维模型。

场馆的建模方式大致类似，构建出场馆三维网格后，对场馆的整体风格进行模拟构建，呈现出一个虚拟的展厅。

在构建好三维场馆和文物模型后，呈现出一个虚拟的展示效果。可视化编辑器可对临展场景进行虚拟临展的模拟，在布展未开始时，提前进行三维虚拟模拟，获得布展后效果展示，同时可对展厅的每个布展区域和内容进行设置。可视化编辑器可对每个展品信息进行编辑，针对展览的不同需要，更换展品图片和视频。

三维编辑陈展引擎提供虚拟展示功能，可进行网上文物三维展示，兼容多种主流浏览器，三维模型可在网页、移动应用等终端进行展示。

第二章 智慧博物馆政策背景和概念界定

第一节 智慧博物馆建设政策背景

一、《中共中央关于制定国民经济和社会发展第十三个五年规划的建议》

《中共中央关于制定国民经济和社会发展第十三个五年规划的建议》明确指出，提高公共服务共建能力和共享水平。实施"互联网+"行动计划，发展物联网技术和应用，加强公共文化、环境保护等基本公共服务，努力实现全覆盖。实施国家大数据战略，推进数据资源开放共享，推动物质文明和精神文明协调发展。深化文化体制改革，实施重大文化工程，完善公共文化服务体系、文化产业体系、文化市场体系。推动基本公共文化服务标准化、均等化发展，创新公共文化服务方式，保障人民基本文化权益，普及科学知识。

二、习近平谈文物工作

习近平十分关心文物保护工作，他指出，保护历史文物是传承中华优秀传统文化的必然要求，饱含着对传统文化的深厚感情，担负着实现民族复兴的历史重任。近年来，我国文物事业取得很大发展，文物保护、管理和利用水平不断提高。各级党委和政府要增强对历史文物的敬畏之心，树立保护文物也是政绩的科学理念，统筹好文物保护与经济社会发展，全面贯彻"保护为主、抢救第一、合理利用、加强管理"的工作方针，切实加大文物保护力度，推进文物合理适度利用，使文物保护成果更多惠及人民群众。在传承祖先的成就和光荣、增强民族自尊和自信的同时，谨记历史的挫折和教训，以少走弯路、更好前进。

三、《促进大数据发展行动纲要》的印发

2015年8月31日，国务院印发了《促进大数据发展行动纲要》(以下简称《纲要》)。《纲要》指出，大数据是以容量大、类型多、存取速度快、应用价值高为主要特征的数据集合，正快速发展为对数量巨大、来源分散、格式多样的数据进行采集、存储和关联分析，从中

发现新知识、创造新价值、提升新能力的新一代信息技术和服务业态。围绕服务型政府建设，加强数字图书馆、档案馆、博物馆、美术馆和文化馆等公益设施建设，构建文化传播大数据综合服务平台，传播中国文化，为社会提供文化服务。

四、文化部《关于支持和促进文化产业发展的若干意见》

在文件中强调，要加快构建公共文化服务体系，加强公共文化产品和服务供给。加强文化馆、博物馆、图书馆、美术馆、科技馆、纪念馆、工人文化宫、青少年宫等公共文化服务设施和爱国主义教育示范基地建设，并完善向社会免费开放服务。加快现代科技应用步伐，提高公共文化服务的数字化、网络化水平。

五、《中共教育部党组关于教育系统深入开展爱国主义教育的实施意见》

该文件把爱国主义教育作为弘扬爱国主义精神的永恒主题，贯穿国民教育全过程，创新爱国主义教育方式和途径。提出要有效拓展网上网下、平台载体的爱国主义教育引导，着力运用微博、微信等网络新媒体，充分利用文化馆、纪念馆、博物馆、旅游景点、部队营地等资源开展爱国主义教育，生动传播爱国主义精神。

六、"互联网＋中华文明"行动计划

为把互联网的创新成果与中华传统文化的传承、创新与发展深度融合，深入挖掘和拓展文物蕴含的历史、艺术、科学价值和时代精神，彰显中华文明的独特魅力，丰富文化供给，促进文化消费，五部委特制订"互联网十中华文明"三年行动计划。该行动计划充分运用物联网、云计算、大数据、移动互联等现代信息技术，重点支持文物价值挖掘、文物数字化、现代展陈、网络传播、智慧博物馆等方面的科技攻关。

七、《博物馆条例》的发布

2015年2月9日，《博物馆条例》（以下简称《条例》）发布。《条例》对博物馆的定义是：以教育、研究和欣赏为目的，收藏、保护并向公众展示人类活动和自然环境的见证物，经登记管理机关依法登记的非营利组织。《条例》明确要把博物馆的教育服务提高到新水平；同时鼓励博物馆挖掘藏品内涵，与文化创意、旅游等产业相结合，开发衍生产品，增强博物馆的发展能力。

八、《博物馆事业中长期发展规划纲要（2011—2020 年）》

国家文物局《博物馆事业中长期发展规划纲要（2011—2020 年）》中关于"博物馆公共文化服务"的内容有博物馆纳入国民教育体系制度化；创新博物馆文化传播；充分运用信息、互联网、多媒体、新媒体等技术手段，通过数字博物馆、远程教育网络和文化信息资源共享工程，使博物馆文化成果惠及更多民众；加强文化产品开发；充分运用国家扶持文化创意产业优惠政策，鼓励社会力量与博物馆合作，依托文物藏品、陈列展示等博物馆元素，建立以省级综合博物馆和国家一级博物馆为中心的博物馆文化产品开发网络，培育博物馆文化产品研发示范项目。"

第二节　概念的界定

信息技术的发展与人们的生产生活密切关联，博物馆作为人类文化遗产保管、展示的场所，当高新技术不断地在博物馆行业渗透的同时，博物馆也在悄悄地蜕变着。为了更好地理清博物馆的含义，本节将深入探讨博物馆、数字博物馆、智慧博物馆的内涵和功能，以及三者之间的关系，进一步阐述智慧博物馆的建设背景和理论依据。

一、博物馆

（一）博物馆定义

博物馆是征集、典藏、陈列和研究代表自然和人类文化遗产的实物的场所，并对那些有科学性、历史性或者艺术价值的物品进行分类，为公众提供知识、教育和欣赏的文化教育的机构、建筑物、地点或者社会公共机构。从博物馆发展轨迹来看，经历了实体博物馆、数字博物馆和智慧博物馆的发展过程。

（二）博物馆的功能

1. 保存文化遗产和自然遗产

保存可以说是博物馆最基本的功能。博物馆是自然遗产和文化遗产的最佳保存场所，外国的国家公园和中国的风景名胜游览区实际是露天博物馆。保存功能和博物馆的收藏职能密切相关，收藏是目的，保存是结果；收藏是行为，保存是功效。古代宫廷的收藏最初的目的可能不是保存，但是客观上保存了文化遗产。在今天，收藏对博物馆来说目的明确，就是保存人类社会发展及人类环境的见证物，职能和功能统一起来，主、客观达到了和谐。但我们必须明确地认识到，中国是文物大国，但不是收藏大国，我们的博物馆馆藏量还与西方发达国家的博物馆无法相比。我们在资金、技术和人才方面，还存在问题，博物馆保存功能的发挥还有很大空间。

2.提供休闲娱乐

社会发展的标志之一就是所有的享受（无论物质和精神），都由少数的贵族向多数的大众演化，博物馆也如此。最先开放的博物馆仅仅接待那些贵族游客，到了后来，大众旅游兴起之后，博物馆的参观者身份才大众化、平民化。世界上有千奇百怪、各种各样的博物馆，这些博物馆存在的理由就是它们满足了人们对各种新奇事物探知的诉求。我们都说真善美是人们精神世界追求的总目标，博物馆就是展示真善美的场所。博物馆的休闲娱乐功能和博物馆陈列展览职能密切相关，寓教于乐这个成语应该是博物馆展陈设计的座右铭，也是检验博物馆这方面功效的基本尺度。博物馆的展陈在坚持正确的政治方向前提下必须面向观众，尽力满足人民群众的精神文化需求。要注意研究博物馆的建筑与陈列、内容与形式、设计与制作、管理与服务、观众与环境的和谐统一，力求营造最佳展示效果。博物馆举办展陈的前提是人家要看什么而不是相反，即"我"展陈什么"你"看什么。

3.辅助教育

大家都说博物馆是学校的第二课堂，也就是说博物馆具有辅助学校教育的作用。这个说法至今仍旧是成立的，但是不完全，因为博物馆不单单是学校的第二课堂，而且还是家庭教育和社会教育第 N 个课堂。参观博物馆的家庭团体日益增多，让学前幼童体验博物馆已经成为西方国家的一种风气。另外，相当多的成年人不是被组织"组织"到博物馆参观的，自由参观的个体化、小众化呈现出一种发展的趋势。博物馆教育学的研究重点放到了如何检验博物馆辅助教育功能上，于是，博物馆观众研究在各个国家蓬勃发展，博物馆学的研究重心由"物"转到"人"上。

二、数字博物馆

实体博物馆借助固定而有限的资源发挥着博物馆的功能，比如固定的场所、一定面积的陈展，利用有限的时间和尽可能多的藏品数量，以及人力资源调配，履行着它应有的职责。数字博物馆突破了实体博物馆的现实禁锢，利用数字化采集和互联网技术，实现了博物馆的公众服务的无限化。

（一）数字博物馆的定义

目前，数字博物馆还没有统一的定义。整理学者专家的论述，有以下几种。

从数字博物馆的发展历程来看：

第一种是纯虚拟性博物馆（没有真正的实体博物馆存在），指将收集的文物资料加以整理和数字化，放在网络上为公众提供资讯服务（无墙博物馆指的就是这种内涵下的博物馆）。

第二种是博物馆网站，也就是博物馆利用网络来架设、设计一个提供咨询服务的网站，公众可以通过网页所设计的资讯或者根据自己的需求寻找自己想要的资料，或者通过电子邮件向博物馆提出问题并寻求解答。

第三种是有实体博物馆在营运，然后将其资讯以数字化的方式放在网络上，这种形式的数字博物馆涵盖了传统博物馆收藏、展示、教育和研究四大功能，并借助数字化方法以虚拟的环境、逼真的效果，将真实事物以虚拟方式进行呈现。

从数字博物馆的狭义和广义定义来看：

对于单个博物馆来说，它是指利用数字化手段，实现藏品保存、陈列展示、科学研究和社会教育等功能，构筑虚拟世界的博物馆（文化信息资源集中地）。

对于普遍意义上的数字博物馆来说，是指利用数字技术，对文物（包括可移动文物和不可移动文物）信息进行全方位和多形式采集、标准化存储和加工，并通过网络连接和一系列相关规定、协议，实现文物信息的资源共享、有效利用和科学管理，为不同用户提供数字化的辅助决策、科学研究、展览展示、文化交流、教育培训和游戏娱乐等服务的综合信息系统。

从不同领域专家对数字博物馆的界定来看：

第一种是计算机专家提出的数字博物馆，将重点放在"数字博物馆所提供的信息是数字化"，着眼于数字化所需要的计算机及相关技术。如数字博物馆就是可通过电子媒体访问有关历史、科学或文化影响的数字化影像、声音、文本及其他信息的集合体。

第二种是信息专家和博物馆专家提出的数字博物馆，将重点放在"数字化信息所提供的服务"，着眼于信息本身。如数字博物馆是以采集、保护、管理和利用人类文化和自然遗产信息资源为目的而建立的信息网络服务体系。

（二）数字博物馆功能

1. 辅助教育功能

数字博物馆作为以传统博物馆的各类信息为藏品的博物馆，因其构架于信息技术平台之上，所以，数字化博物馆在实施公众教育活动时，能够充分利用藏品所蕴含的各种信息，以多线程的互动式展示方式开展行之有效的教育活动，与传统的实体博物馆相比，具有诸多的延展性特点。随着计算机技术和网络技术的日益普及和信息时代的日益逼近，实体博物馆的教育功能在数字化博物馆中得到了明显的加强与提升。有关学者指出，数字化博物馆教育功能的实现，目前主要有三种渠道：一是建立在传统的实体博物馆藏品和展示系统基础上的数字化信息数据库和导览系统，二是以网络技术为传播平台的数字化博物馆，三是以各种信息存储介质为载体的数字博物馆电子资料。

建立在传统的实体博物馆藏品和展示系统基础的数字化信息数据库和导览系统，实质上就是前文所讨论的对于传统实体博物馆的数字化改造，这是当今国内数字化博物馆开展公众教育活动的一种最常规的形式。由于博物馆的主要信息都已经输入数据库，观众通过多媒体触摸屏导览系统，就可以主动地选择想要接受的信息，并根据自身的知识结构和对博物馆的了解程度，从不同层面、不同的角度上进行线性的跳跃式的信息获取。

以网络技术为传播平台的数字化博物馆也称"虚拟博物馆"或"网络博物馆"，这种形式的数字化博物馆近年来日渐丰富，目前在互联网上能浏览的博物馆总数已超过 300 万个。将来随着网络的接入方式和传输速率的进一步发展，这种网上博物馆也将会随之发生重要的改观。

以各种信息存储介质为载体的数字化博物馆电子资料，主要包括 DVI>ROM、CI>ROM 等多媒体光盘等。同前两种数字化博物馆的表现形式相比较，这种以各种信息存储介质为载体的数字化博物馆电子资料对于公众教育的教育功能也是经过博物馆的研究和教育人员设计，按照一定的逻辑关系编辑、处理和整合的信息源。观众可以通过设计好的方式进行线性浏览，或者也可以非线性地、跳跃性地、有选择地获取信息。

博物馆的教育影响因素，大体来说，主要有两个方面，一是学校教育，一是国民的终身教育。任何一个国家，任何一个社会，其国民接受教育的基本场所都是学校。而博物馆作为社会文化教育公益事业的重要组成部分，与学校之间存在着十分深刻的历史文化渊源，被学者们称为"教育的实验场"。近年来，随着博物馆事业的快速发展，我国的博物馆类型已经几乎涵盖了天文、地理、生物、矿物、海洋、历史、社会、军事、经济、文化、考古等自然和社会的所有学科。博物馆与学校教育之间的关系也由此日趋密切。据有关学者的不完全统计，我国大多数的博物馆的学生观众一般占 25%~40%，有的博物馆高达 50%以上，博物馆已经成为学校教育名副其实的"第二课堂"。

但是学校在组织学生结合博物馆进行学习和教育过程中，往往会受到时间、经费、交通、安全等各方面因素的限制，这些客观因素不同程度地限制了学生走入博物馆。因此，也就不能使博物馆的公众教育功能得以最大限度地发挥。数字化博物馆以其信息技术的优势，完全打破了时空的限制，排除了通常意义上的客观因素困扰，使博物馆与学校教育的协作得以最大限度地发挥。学校的教师和学生可以通过各种形式的数字化博物馆载体，完全摆脱掉种种客观因素的制约，不受时空限制地从网上获取相关教学课程的教学参考资料，从而满足其课堂教学和课外活动的切实要求。

随着信息时代的到来，知识爆炸现象导致知识更新速度日益加快，从而决定了社会是一个学习的社会。一个人在青年时期从学校所获得的知识，已经无法满足其终身的需要。因此，国民的终身学习和终身教育的概念已经成为世界各国的共识。

2. 辅助保存及传播功能

实体博物馆最初被设计为保存人类文化遗存的机构，收集、保存及传播是实体博物馆的重要功能。数字化博物馆由各种数据库构成，即用计算机的存储与传播技术，最大化地发挥博物馆的功能。传统的保留资料的方法费时、费力且消耗极大的资源，而数据库与之相比，有输入简便、易修改、存留时间长等特点。

数字化博物馆将博物馆的各种信息，完全准确地保存为数码化文件，并可反复修改。

而且还可利用数字化博物馆作为信息存储中心，记录某地区或国家的完整信息，作为史料资料的保存基地。其附有的搜索功能，可供研究人员或观众快速查找某一特定条件下所记录的一切资料。数字化博物馆网站通过网络连接，还可实现异地的资料传播，为人们获得信息带来极大便利。数字化手段引入博物馆，是适应博物馆发展方向而出现的。藏品管理信息系统的建设，首先可以完整、准确地统计藏品数量、种类等。高清晰度图片等多媒体技术的使用，减少了文物暴露于不适合环境中的次数，有利于延长文物实体的寿命；便利、灵活的检索手段，有利于展览主题的形成；大范围内的文物信息共享，又有利于展览内容的充实。

3. 辅助研究功能

数字化博物馆的信息数据库包含全部的博物馆信息。通过对数据库的检索与分类，参观者或工作人员可以方便快捷地搜索到所需要的相关信息。

比如，陈列人员欲举办某个年代的文物展，首先通过本馆藏品管理信息系统检索本馆拥有的此类文物类型和数量，如果有缺失，可以在更大范围内的馆际共享的文物信息数据库中检索，再向其他博物馆商借。在藏品管理信息系统的基础之上将衍生大量的应用，如多媒体辅助展示系统、文物图录出版系统、藏品对比研究鉴定系统等，结合考古、历史资料系统，将在更大的范围内产生影响，甚至可以深入文化、娱乐的各个层面，如结合历史、文物资料，开发各类历史游戏，用正确的历史知识来影响人群，结合多媒体手段，在文物、历史、考古数据库的支持下，以交互的方式阐述人类历史和自然界的演变，甚至可以通过数字服装，用VR（虚拟现实）技术实现时空转换，将现代人引入浩瀚的历史空间之中。

4. 辅助休闲功能

数字化博物馆可以通过虚拟技术模拟真实场景，观众足不出户就能通过浏览数字化博物馆参观博物馆内的展览或制作的活动，配合模拟的声音与图像实现身临其境的感觉，实现数字化博物馆与观众间的互动。

三、智慧博物馆

（一）智慧博物馆产生的背景

2008年11月初，在纽约召开的外国关系理事会上，在题为《智慧地球：下一代领导人议程》的演讲报告中，IBM正式提出"智慧地球"（Smart Planet）的概念。2009年1月，"智慧地球"成为美国国家战略的一部分。"智慧地球"主要指通过低成本的传感技术和网络服务，将传感器嵌入或装配到电网、铁路、建筑、大坝和油气管道等对象中构建"物——物相连"，再通过超级计算机和云计算将其整合，实现人类社会与物理世界的高度融合。其核心思想是以一种更智慧的方法通过利用新一代信息技术来改变政府、公司和人们相互交互的方式，以便提高交互的效率、灵活度和响应速度。"智慧地球"的概念从发展的角度提出了未来社会信息化发展的三个基本特征：①世界正在向仪器化、工具化方向演变——The world is becoming instrumented；②世界正在向互联化方向演变——The world is becoming interconnected；③所有事物正在向智能化演变——All things are becoming intelligent。

仪器、工具化、互联化与智能化将是世界不可避免的发展趋势，也是"智慧地球"概念的三个支柱。IBM 提出"智慧地球"概念的同时，给出了 21 个涵盖人们生活、学习和工作的智慧主题，包括能源、交通、食品、基础设施、医疗保健、城市、水、公共安全、轨道交通、产品、教育、政府和电信等。在这些领域实现智慧互联、信息即时共享与优化利用，实现"智慧地球"的构想。随后，"智慧地球"作为一个全球战略被许多国家所接受，与"智慧地球"密切相关的物联网、云计算等，更成为科技发达国家制定本国发展战略的重点。2009 年开始，美国、欧盟、日本和韩国等纷纷推出本国或组织的物联网、云计算相关发展战略，并开始建立智慧城市、智慧校园、智慧社区等系统。与此相应，2009年中国也提出了"感知中国"的概念，以物联网等先进技术为依托，开始建设各类智慧系统。

（二）智慧博物馆的定义

"智，知也，事无不知谓之智。慧，解也，洞察万物谓之慧。"智慧的概念通常强调两层意思：一是及时准确地获取事物全面的信息和获取知识的能力，二是依据事物现象进行分析、推理、理解、判断和决策的能力。狭义地说，智慧博物馆是基于博物馆核心业务需求的智能化系统；广义地讲，智慧博物馆是基于一个或多个实体博物馆（博物馆群），甚至是在文物尺度、建筑尺度、遗址尺度、城市尺度和无限尺度等不同尺度范围内，搭建的一个完整的博物馆智能生态系统。智慧博物馆以多模态感知"数据"替代数字博物馆的集中式静态采集"数字"，并以此为基础，建立更加全面、深入和泛在的互联互通，消除信息孤岛，使人与人、人与物、物与物之间形成系统化的协同工作方式，从而形成更为深入的智能化博物馆运作体系。智慧博物馆淡化了实体博物馆相互之间以及实体博物馆与数字博物馆之间的界限，形成了以博物馆业务需求为核心、以不断创新的技术手段为支撑、线上线下相结合的新型博物馆发展模式。

智慧博物馆是在实体博物馆、数字博物馆概念的基础之上，由于科学技术的进步而演变发展起来的新生事物，深入剖析实体博物馆和数字博物馆存在的问题，有助于准确认识和理解智慧博物馆的基本概念。

传统实体博物馆因观念、技术、场地、展陈能力限制，以及有时出于对文物保护的考虑，所能展示、提供的文物信息量严重不足，大量的藏品没有机会展出（以故宫博物院为例，每年展出的藏品仅约占藏品总量的 5%），深藏馆中无人知晓。实体博物馆在时间、空间与展示形式上的内在局限性，制约了博物馆的社会教育和文化传播能力。

数字博物馆的出现，突破了藏品展陈的时空限制，丰富了藏品展陈方式，扩展了展陈内容，但仍旧存在局限性。在实际操作层面上，数字博物馆的建设主要包括两方面内容：

一方面，在实体博物馆中借助 VR、3D 技术的应用，搭建数字展厅，实现（数字化）藏品的现场展示；另一方面，依托互联网，搭建网上虚拟博物馆，实现（数字化）藏品的在线展示。多年以来，由于陷入了技术主导的误区，业内对数字博物馆的内涵与外延争论不断，致使数字博物馆的建设缺乏清晰的路线图，甚至导致声光电技术在博物馆的滥用，秀技术的现象非常普遍，虚拟博物馆或是简单地把实体博物馆搬到网上，信息十分匮乏。内在机制层面上，数字博物馆为单向信息传递模式，导致了数字博物馆所提供的信息的时效性、真实性、交互性和现场体验感与实体博物馆存在巨大的差异。同时，也加剧了博物馆内部各自为政和信息孤岛的形成，对管理、保护和研究工作的系统支持有限。传统博物馆、数字博物馆以及智慧博物馆之间的区别如表 2-1 所示。

表 2-1# 传统博物馆、数字博物馆以及智慧博物馆的区别

	传统博物馆	数字博物馆	智慧博物馆
征集	发掘、采集、收购、捐赠、交换	藏品数字化	藏品信息的开放编辑、知识分享
保护	毁损原因多，修复困难，易损	利用数据存储算法存储，无损	数据云存储，无损，安全可靠
研究	直观，容易发现藏品细节，但相关性研究不易	检索、比较、统计方便，容易在文物相关性研究中获得突破	藏品知识挖掘，知识推送，研究启发
展示	展柜陈列，方式单一	多媒体、三维技术，生动形象	三维技术，交互体验，互动参与
传播	巡展，影响小	互联网传播，伸延性较好	实体馆和互联网传播，兼顾伸延性的同时，有较好的体验性
开放性	差较	好	好
关联性	关联性较差，人工对文物、陈展、观众进行组织	利用互联网，人工对展品、陈列展览进行组织	通过物联网与互联网将文物、陈展、观众有机关联
协同性	差	一般	好

智慧博物馆针对数字博物馆技术主导的误区，坚持需求驱动、业务引领，通过重新梳理和构建博物馆各要素的关联关系而形成合力，加强了博物馆服务、保护和管理工作的协同。智慧博物馆提供"物、人、数据"三者之间的双向多元信息交互通道，博物馆中的人（包括现场观众和线上观众、博物馆工作者，以及相关机构和管理部门）、物（包括藏品，各类设备设施，库房、展厅等）的信息可动态感知，并通过网络汇集，借助物联网和云计算技术，建立"物——人""物——数据""人——数据"之间的信息交互和远程控制，同时结合云计算和大数据技术，从而实现对博物馆服务、保护和管理的智能化自适应控制和优化。以人为中心的信息传递模式，使藏品与藏品、藏品与展品，藏品，展品与保护，研究者、管理者与策展者，受众与展品等元素之间的联系真正达到智慧化融合。

（三）以数字化服务为导向的智慧博物馆的界定

在 2018 年第八届中国博物馆及相关产品与技术博览会"让文物活起来的创新性实践与落实《国家宝藏》节目文博论坛"上，国家文物局博物馆与社会文物司（科技司）副司长金瑞国围绕"如何让文物活起来"的发言，带给我们许多启示。他指出："当前我们聚

焦智慧博物馆的发展。智慧博物馆的根本，是实现和优化博物馆的功能，让物联网、大数据、云计算、人工智能这些先进技术与博物馆的业务和传播内容深度结合。"

智慧博物馆的一个重要特征之一就是"以人为本"，国家文物局副局长宋新潮早在2015年在《关于智慧博物馆体系建设的思考》一文中就提及智慧博物馆的三大主要应用模式——智慧服务、智慧管理、智慧保护。这三大应用模式的最终目的都是更好地实现博物馆的社会职能和现实业务需要。

基于以上分析，笔者提出了以数字化服务为导向的智慧博物馆，立足于物联网、云技术、大数据等数字信息技术与博物馆的融合，着眼于为广大受众服务，最终实现"以人为本"的智慧化博物馆建设，更智能地满足博物馆的社会职能和业务需要。

第三章　智慧博物馆建设实践

近些年，智慧博物馆从理论概念研究走向了具体建设实践，国内外博物馆都在积极开展博物馆的智慧化建设。在本章中，笔者将结合具体案例对国内外智慧博物馆建设情况进行分析，理清智慧博物馆建设中遇到的问题，并对出现的问题进行反思，以期对智慧博物馆的建设提供参考和借鉴。

第一节　国外智慧博物馆建设现状

继 2008 年美国 IBM 公司提出"智慧地球"的概念后，全世界掀起了智慧城市建设的热潮。此后，智慧博物馆的概念开始出现，2012 年，美国、英国、法国、加拿大等发达国家就已经开始了智慧博物馆的建设，国外博物馆信息化发展主要围绕博物馆管理和服务，在技术整合方面比较出色，充分体现了技术服务于管理和社会服务的价值。

巴黎罗浮宫位于法国巴黎，是世界四大博物馆之首，艺术博物馆馆藏资源 40 万件以上，陈列面积 5.5 万平方米，信息化特色应用方面提供 3D 虚拟参观、三维互动地图、智能路线等观众服务，观众可以更方便地获取展览信息、规划路线、轻松观展。管理上实现设备自动管理、BIM（建筑信息模型化）可视化运维管理，使博物馆管理维护更直观高效、智能，整体实现了绿色运营。

大英博物馆位于英国伦敦，世界四大博物馆之一，是一家综合博物馆，拥有馆藏资源 800 万件以上。信息化特色主要为全新语音导览、谷歌探索应用、智能安防系统、能耗管理系统等内容，总体应用成效是为观众提供更丰富直观的导览服务，并使博物馆运行更加安全、节能。其中，语音导览极具特色，能为观众提供个性化服务。

大都会博物馆位于美国纽约，是世界四大博物馆之一，同时也是美国最大的博物馆。拥有馆藏资源 300 万件以上。特色的信息化系统建设为面向公众的 THEMET 移动应用和面向馆内管理的综合业务管理系统及藏品安全的智能安防系统。其中，THEMET 移动应用让观众更方便地获取丰富的参观服务和更广泛的社交活动；统一的综合业务管理系统方便博物馆更高效地开展相关业务工作，实现资源共享，从整体上满足社会服务、业务管理和藏品安全保护需求。

耶路撒冷犹太人大屠杀纪念馆，在信息化方面主要采用互联网收集记载大屠杀幸存者证词、遇难者名字、照片和文件，大屠杀研究、出版，为学校提供教案等方式。

克里夫兰博物馆是美国最重要的美术馆和博物馆，艺术作品超过43000件，其新创设的超过1100平方米的互动空间"第一展厅"（Gallery One），包含藏品展示墙（Collection Wall）、艺术交互程序（Art Lens App）、互动屏幕（Kiosks）和互动画室（Studio Play），其科技与艺术相结合的创新展览方式更为其锦上添花。把传统的单向陈列平台变成一个公众参与程度较高的公共空间，使博物馆对大众的服务性得到了提高。

除此之外，在中国科学院上海高等研究院贺琳所著的《浅析我国智慧博物馆建设现状》一文中对国外博物馆智慧化建设典型案例进行了系统收集和归纳总结，如表3-1所示。

表3-1　国外博物馆智慧化建设情况

序号	案例名称	主要内容
1	巴黎罗浮宫信息化特色应用	3D虚拟参观、三维互动地图、智能路线等观众服务，观众可以更方便地获取展览信息、规划路线、轻松观展。管理上实现设备自动管理、BIM可视化运维管理，使博物馆管理维护更直观高效、智能，整体上实现绿色运营
2	大英博物馆信息化特色应用	全新语音导览、谷歌探索应用、智能安防系统、能耗管理系统等内容，为观众提供更丰富直观的导览服务，并使博物馆运行更加安全、节能。其中的语音导览极具特色，能为观众提供个性化服务
3	大都会博物馆信息化特色应用	面向公众的THEMET移动应用和面向馆内管理的综合业务管理系统及藏品安全的智能安防系统。其中，THEMET移动应用让观众更方便地获取丰富的参观服务和更广泛的社交活动；统一的综合业务管理系统方便博物馆更高效地开展相关业务工作，实现资源共享，从整体上满足社会服务、业务管理和藏品安全保护需求
4	耶路撒冷犹太人大屠杀纪念馆信息化特色应用	采用互联网收集记载大屠杀幸存者证词、遇难者名字、照片和文件，大屠杀研究、出版，为学校提供教案等
5	克里夫兰博物馆互动空间"第一展厅"	包含藏品展示墙（Collection Wall）、艺术交互程序（Art Lens App）、互动屏幕（Kiosks）和互动画室（Studio Play），其科技与艺术相结合的创新展览方式更为其锦上添花。把传统的单向陈列平台变成一个公众参与程度较高的公共空间，使博物馆对大众的服务性得到了提高
6	史密森尼国家自然历史博物馆发布新数字化应用	借助移动设备、应用软件、社交媒体、AR（增强现实）等技术，还原藏品组成，为公众提供丰富的藏品信息
7	英国V&A博物馆的藏品数字化实践	网站建立"藏品搜索"，通过虚拟方式服务全球公众，并利用"众包"途径发动社区观众上传图片，通过反馈报告增强互动
8	史密森设计博物馆的新颖互动体验	经装修改建，加大对最新信息交互技术的应用，大大提高了观众的参与度，如通过"数字笔"的点读、互动，增强观众体验
9	意大利智慧博物馆项目试点	采用近距离无线通信技术和QR码技术，以移动终端为媒介，为观众提供定制化服务，实现个性化内容发送的自适应
10	旧金山艺术博物馆智能导览	把基于位置的服务技术与富媒体讲故事的内容巧妙地结合在一起，带给观众沉浸式的艺术享受

通过以上典型案例，可以看出，国外智慧博物馆的建设多倾向于通过科技手段实现博物馆和观众之间的互动，并根据自身博物馆的特点开展智慧化建设，对我们的借鉴是智慧博物馆的建设必须根据博物馆自身需求个性定制，并不是功能齐全、系统多就一定好。国

外博物馆在智慧化建设中更加注重实际效用，如对满足博物馆日常管理需求和观众服务，但对博物馆的数据分析方面涉及较少，系统建设较为碎片化，没有形成科学系统的智慧博物馆顶层设计。

第二节　国内智慧博物馆建设情况和案例分析

一、从文献分析的角度看国内智慧博物馆建设情况

在数字博物馆不断发展的背景下，一些有识之士从博物馆自身的发展出发，开始思考该如何驾驭技术，让技术为博物馆所用。与此同时，云计算、大数据、移动互联等技术逐渐成熟，在信息技术革命的带动下，"智慧博物馆"呼之欲出。在智慧博物馆成为热门焦点的同时，据中国知网收录的文献，2012 年 3 月出现了第一篇以智慧博物馆命名的文章。为了从学术的角度研究智慧博物馆的发展状况，笔者选取 2011—2017 年为时间跨度；以"智慧博物馆"为关键词；在中国知网数据库中共搜索到 31 篇文献；以"智慧博物馆"为主题，共搜索到 76 篇文献；以"智慧博物馆"为篇名，共搜索到 46 篇文献。然后对这些文献进行相关性处理，即将不相关文献进行剔除，并根据文献的被引数、下载数及其来源决定是否将其作为研究样本，最终选定了 44 篇智慧博物馆相关文献作为研究样本，其中包括学术论文 41 篇和硕士学位论文 3 篇。本研究以样本文献的论文发表来源、研究内容、发表论文的时间为分析维度，并从智慧博物馆技术应用研究、智慧博物馆理论概念研究、建设实践研究、发展趋势研究这几个研究视角出发，根据分析结果总结出研究中尚存在的问题和不足，进而提出智慧博物馆研究未来发展的建议和对策。

（一）对样本文献的分析

1.论文发表来源分析

通过中国知网搜索的有关智慧博物馆的论文，准确地说应该是 2012 年开始才有以智慧博物馆为篇名的论文，从 2014 年开始论文数量逐渐增加，这说明智慧博物馆还是近几年才出现的新鲜事物。我国对智慧博物馆的研究起步较晚，从论文发表的来源来看，论文发表的期刊种类繁杂，智慧博物馆作为一个新生事物，是博物馆与计算机科技类相结合的产物，因而论文发表上不单一以博物馆类期刊为主，而是以各种科技类期刊为主。在博物馆期刊中，发表数量最多的是《中国文物报》《中国博物馆》，其次就是会议论文，再其次就是发表数量均衡的各类科技类期刊，每种期刊的发表数量在 2 篇左右。由此可见，智慧博物馆的建设已经引起了博物馆领域的关注，但是博物馆本身的技术实力无法助推智慧化发展，而其他的科技公司在技术上具有一定的实力，但是专业从事研究博物馆信息化建设的人却少之又少，因而就出现了智慧博物馆目前的百花齐放、百家争鸣的现象。特别在议

论文方面，已成了智慧博物馆呼声最集中的地方。总之，智慧博物馆尚处于各行业争相呼吁和初始研究的阶段。

2. 研究内容分析

通过对选取的 44 篇文章进行内容分析，可以看出，目前智慧博物馆的研究主要集中在智慧博物馆技术应用研究、理论概念研究、发展趋势研究、智慧博物馆建设实践研究等几个方面。其中，智慧博物馆的技术应用研究，主要有智慧博物馆的建设中的相关技术在其他领域的应用，和先进的技术被应用于智慧博物馆中这两个方面。而智慧博物馆建设实践研究又分成案例研究和系统建设研究。

通过对不同研究内容的文章数量的分析来看，目前以智慧博物馆的应用研究和建设实践研究居多，其中，先进技术被应用于智慧博物馆的应用研究类文章在应用研究领域的研究较为深入，同时建设实践研究中结合具体案例进行研究的论文较多，而智慧博物馆发展趋势类的研究较少。

由此可见，智慧博物馆还处在一个尝试探索阶段，如何实现智慧化还需要将更多有助于智慧化的技术手段应用在博物馆领域。同时，我国博物馆界也在积极地开展智慧博物馆的建设，围绕智慧保护、智慧服务、智慧管理，从建设一个个的实际系统出发，在智慧化的道路上不断往前迈进。

3. 智慧博物馆技术应用研究

智慧博物馆之所以称为智慧，是因为它能够全方位地实现数据的融合和分析功能。这些功能的实现需要在数字化信息采集的基础上，将物联网、云计算等高新技术手段应用其中。同时，智慧博物馆又有博物馆的独特性质，博物馆具有收藏、保护、研究、教育等社会功能，因此，智慧博物馆采用的技术手段又在一定程度上在文物保护、教育、宣传等领域得以推广和介入。在选取的样本文献中，于富业的《"掌上博物馆 app"教学设计研究》就将智慧博物馆应用于教育领域，借助于移动互联网技术开发掌上博物馆应用软件，将智慧博物馆的元素应用于软件中。邵小龙在《以互联网思维推进智慧博物馆建设》一文中提到互联网思维下的物联网、大数据、云计算如何实现与智慧博物馆的结合。《穿越时空的智慧博物馆》写到智慧博物馆借助数字化、三维建模、多媒体、虚拟现实等方式在实体博物馆内搭建数字化展厅，以实现传统展览不具备的展示功能。《物联网技术在智慧博物馆建设中的应用》以常州博物馆为例，介绍了物联网技术在智慧博物馆建设中重要作用，指出在智慧博物馆这样的一个系统工程中，物联网技术是智慧博物馆建设的核心基础技术。只有利用物联网实现了物物相连，才能运用云计算进行更深入的智能优化。所以物联网技术是智慧博物馆建设的标志性建设。特别是在藏品管理方面，物联网技术可以利用局部网络或互联网等通信技术把传感器、控制器、机器、人员和物等通过新的方式联在一起，形成人与物、物与物相连，实现物物相连。《智慧博物馆之感知藏品》提到文物预防性保护技术的研发，融入各种传感设备的安防技防项目的实施，基于移动互联的导览系统、App

软件的开发，无线射频技术、增强现实技术在智慧博物馆中的应用。

4.智慧博物馆理论、概念研究

智慧博物馆理论和概念研究内容主要从智慧的内涵、智慧博物馆本身及其智慧服务、智慧保护、智慧管理等角度分别展开介绍，并结合相关的博物馆建设案例生动形象地予以体现。如在燕煦的《博物馆的智慧保护和智慧管理述略》和《博物馆智慧服务述略》两篇文章均有涉及。宋新潮《关于智慧博物馆体系建设的思考》中第一次完整系统地提出智慧博物馆的特征分析模型，比较分析了博物馆"物""人""数据"（信息）基本要素及其信息传递模式，揭示了智慧博物馆的基本内涵，给出了智慧博物馆的基本概念。

5.智慧博物馆建设实践研究

智慧博物馆的建设实践研究多以案例研究和系统建设研究为主，如《博物馆网络建设及应用——以甘肃省博物馆信息化建设为例》就甘肃博物馆作为 2014 年智慧博物馆的试点单位之一在智慧化道路中所做的基础性工作网络建设进行阐述，从网络自身的建设和网络在博物馆智慧化服务中的应用两个角度，提出网络建设的重要性，为其他博物馆的信息化建设提供很好的借鉴。《海外智慧博物馆巡礼》一文提出了传统博物馆的不足之处，从智慧管理、丰富的网站和有效的应用三个角度结合罗浮宫、大英博物馆、大都会艺术博物馆的建设案例进行逐一分析，同时也介绍了智慧博物馆采用各种新技术以娱乐的方式传递文化内涵，比如移动互联网、移动客户端、电子游戏、AR 技术的实际案例以及 3D 扫描和打印技术等，为国内的智慧博物馆建设提供了借鉴。

6.智慧博物馆发展趋势研究

智慧博物馆发展趋势研究类文章数量很少，在笔者选取的 44 篇样本文章中，只有 4 篇文章以智慧博物馆趋势研究为主题，文章主要从物联网、云计算、移动互联以及大数据技术集成应用对智慧博物馆发展的影响的角度展开研究。在《智慧博物馆的发展路径探析》中第一次提到建设智慧博物馆要警惕进入载体离心化、技术泛滥化、内容娱乐化、数据固态化和建设盲目化的误区，应抓住"数据"这一核心要素，围绕数据生成、加工、运用和共享展开。

7.从发表论文的时间上看智慧博物馆的研究状况

早期研究主要集中在概念的研究阶段，后来逐渐出现技术在智慧博物馆中的应用，以及结合案例充分展示博物馆领域在智慧博物馆的道路上所做的实践探索，近期才出现智慧博物馆发展趋势研究。

（二）存在的问题

1.内容研究视角不具有独特性和新颖性

从智慧博物馆这个名词出现以来，研究者大都抓住这个名词来开展研究，多篇文章均出现同样的段落介绍智慧地球，从而过渡到智慧博物馆的命题，在技术应用介绍方面多是大同小异，如物联网、云计算、互联网技术、3D 打印、虚拟现实技术等，只是所采用的案例不同而已。

2. 主要观点和理论研究主要出自博物馆领域的大家，其他多是观点和理论的延伸版

智慧博物馆的主要体系研究最具有权威性和独家版的都来自同一篇文章，致使理论研究不够深入。其实博物馆本身是一个具有独特性质和多功能的载体，有着丰富的理论体系，因此，博物馆的智慧化研究不能脱离博物馆本身的特质。

3. 作者多为博物馆馆内人员

智慧博物馆的建设本来就是最新技术在博物馆领域的应用，类似于博物馆的机器人化，即将机器融入人的智慧，是一个懂得思考和分析的博物馆。这其中需要各种互联网技术、物联网技术、云计算技术的深入研究和应用，但是这类掌握技术前沿的技术科研人员为作者的文章颇为少见，而研究作者大多是博物馆馆内人员，这种技术没有吃透的研究人员写出的应用研究文章的含金量和借鉴意义自然有许多不足之处。

4. 围绕智慧博物馆所开展的建设项目较为零散，缺乏一个系统的顶层设计

目前，智慧博物馆的建设还处在探索阶段，各馆大都从博物馆自身的业务需求出发，设计一系列系统，比如藏品管理系统、数字资源保护系统、陈列展览系统等；建设项目较为零散，在数据的互通互联上还没有完全实现，导致在信息之间数据的共享性较差，信息孤岛现象仍然无法消除；极其缺乏先进的顶层设计标准，同时多以介绍国内智慧博物馆建设为主，国外的较少。

综上所述，智慧博物馆的建设不是一蹴而就的，而是循序渐进的过程，特别是在智慧博物馆还没有固定模式的发展阶段。因此，对博物馆的研究视角也应该与博物馆的自身建设紧密结合，从博物馆的建设中发现问题，形成研究内容，提出解决问题的策略。在理论研究方面，应该提升理论研究的层次，从博物馆的特有属性出发，结合教育学、认知心理学、传媒理论进行研究，而不应该是以权威人士的论点出发，不断地复制；在技术研究方面，应该立足于基础研究，不应该过多地强调高技术手段在博物馆领域的叠加，而是从专、精的角度，加强对每一种技术手段的研究，而不是大杂烩；在论文质量方面，应该逐渐从百家争鸣向专业性转化，进一步提升论文的水准；在博物馆建设研究方面，能够结合各自博物馆智慧化建设的案例，为其他类似的博物馆的智慧化发展提供更多的借鉴，从而实现博物馆真正的智慧化。

二、从案例分析的角度看国内智慧博物馆建设情况

近 20 年来，国内各博物馆或由政府主管部门组织，或自行运作，持续开展了规模庞大的数字化、智慧化建设工作，到目前已经积累了比较可观的成果，为构成全社会的公共数字文化体系奠定了基础。2015 年以来，国家的各类方针政策也积极向智慧博物馆建设倾斜，并在苏州、广东等地的几家博物馆进行试点建设。

国内博物馆在不断探索智慧博物馆相关技术和应用的同时，也在积极举办各种博物馆行业信息化建设论坛、博览会以及地方文博会，通过论坛、会议交流等方式加强博物馆之间以及博物馆和科技公司之间的业务和技术交流、经验分享。就总体情况而言，从实际成效上看，目前的试点工作基本在局部信息化、网络化、智能化方面，主要体现在数据的共享和应用集成方面，但没有根本解决实际的信息孤岛问题，而在智能化、部分智慧化建设方面可供参考的国内案例较多，甚至一些国家级博物馆的智慧成效比智慧博物馆的试点单位更出色。

下面分别对中国国家博物馆、故宫博物院、南京博物院、中国（海南）南海博物馆、苏州博物馆、桂林博物馆等多家博物馆的智慧化建设情况进行简要分析。

（一）中国国家博物馆

中国国家博物馆是国家级大型博物馆、综合博物馆。中国国家博物馆拥有 100 万件以上藏品，该馆目前建设的特色内容包括综合导览服务系统、集成安防管理平台、建筑设备监控系统、IT 运维管理平台等，这些应用系统形成了较为完善的信息化体系，全面提升了中国国家博物馆服务、保护和管理的水平。但是，在"智慧国博"的建设中仍存在着一些突出的问题，比如数据资源开发利用有待突破，应用系统整合共享需要加强，基础设施和技术应用需要创新，专业队伍和信息技术需要提升，统筹协调的长效机制有待完善。下一步，中国国家博物馆将从藏品综合管理工程、科研管理服务平台、智慧展览展示提升工程、大数据管理中心工程、信息基础设施提升工程等十大重点工程出发，打造设施智能化、数据融合化、管理高效化、服务精准化、安防协同化的高性能、高质量的"智慧国博"。

（二）故宫博物院

故宫博物院是我国最大的博物馆，拥有藏品 180 万件以上。在信息化建设上，有世界上安防最先进的安全防范系统、环境智能调节系统和颇具特色的掌上故宫；在总体信息化成效上，智能化程度高、功能设置完善、性能可靠、综合防范能力具有世界先进水平，实现了博物馆安全稳定健康运行。

（三）南京博物院

南京博物院是我国第二大博物馆，拥有藏品 40 万件以上，特色建设内容包括身边的博物馆（导览）、高精度恒温恒湿及空气净化系统、RFID（射频识别技术）藏品全流程管理系统和中国首家实体的纯数字展厅，总体满足了观众的服务导览、数字体验，管理上构建了可靠的藏品收藏保护和高效的藏品资源管理体系。

（四）中国（海南）南海博物馆

中国（海南）南海博物馆参照国内外博物馆的先进管理模式，依托云计算、移动互联网、物联网、大数据等先进技术建设"一核＋四大平台＋十九个应用系统"的智慧博物馆平台，即围绕国家文物局"互联网＋中华文明"的总体思路，融合"南海特点"创新服务，以软硬件支撑环境建设为基础，覆盖互联网、移动互联网、现场服务三大公共服务入口，建设基础设施支撑平台、互联网服务平台、综合业务管理平台及场馆运行管理平台。

建设内容涵盖智慧服务、智慧管理、智慧文创、智慧运行四个方面。在智慧服务方面，中国（海南）南海博物馆除了在人民网正式官宣之外，还开发了轻松、丰富的微网站，适合跨平台多载体发布，同时提供了预约、导览、全景参观、客流、志愿者、文创等一体化功能；在智慧管理方面，涵盖基础设施、文物业务、行政业务、观众服务等共计 19 个应用系统；在智慧文创方面，采用"互联网＋文创"的模式，创建了网上商店、IP 开发、品牌授权、文物动漫游戏，建设了涵盖文创产品的创作、研发和销售反馈全过程管理功能文创一体化平台；智慧运行方面，实现了多个应用系统综合数据发布、藏品数据可视化、展览数据可视化、展馆数据可视化。

（五）苏州博物馆

近年来，苏州博物馆不断探索数字化保护的技术和方案，建成了多个数字化保护软件，但是由于这些软件由不同的供应商提供，采取了不同的技术方案，在建设中没有考虑到博物馆数字化保护需求快速变化的问题，导致软件之间无法连通和协作，软件难以扩展和升级，已经逐渐无法满足苏州博物馆对于文物数字化保护的需要。另外，在当今新技术和新装备不断涌现的情况下，观众需求也随之不断变化，对博物馆的服务质量要求也越来越高，现有的陈列展览方式已经无法满足观众的需求。因此，苏州博物馆亟须建设一个具有开放式架构、高度可扩展和可演化的数字化保护系统，以适应不断变化和演进的数字化保护需求。

在数字化保护方面，苏州博物馆做了许多工作，在文物本体信息化采集、文物三维模型扫描、古籍扫描、馆藏管理、展陈展示、观众管理等方面均有所涉及，收集了大量文物信息，包括文物元数据信息、多媒体信息以及三维模型信息；通过信息化手段管理博物馆的业务流程，包括文物入出库管理、观众管理、办公管理等，同时面向观众提供博物馆移动应用以及参观预约服务。这些工作为苏州博物馆进一步开展文物数字化保护工作打下了良好的基础。但是，苏州博物馆在文物数字化保护方面仍然处在起步阶段，相关数字化保护软件虽然已经建立，但是功能不完善、深度不够，存在许多的问题，难以满足日益迫切的文物数字化保护的需要。

因此，苏州博物馆梳理了博物馆文物保护信息化需求，充分集成博物馆现有数字化建设基础，综合应用包括数字化信息采集技术、数据挖掘等海量数字化资源处理技术、虚拟现实等新型数字化展陈展示与互动技术、移动互联网等新一代通信技术在内的现代先进技术手段，建设一个遵循文物数字化保护建设标准、充分互通互联、具备高可扩展和环境适应性、能够快速分析海量数据并进行智能决策辅助、智慧观众服务的文物数字化保护体系，实现数字化资源管理的统一化、集中化、标准化，管理工作精细化，基于公众行为感知的多维化展现，实现公众与文物交互的高度融合。最终，助力博物馆各职能部门的统筹规划，以大幅度提高博物馆的文物数字化保护水平。

（六）桂林博物馆

桂林博物馆是桂林市唯一的综合性博物馆，馆藏丰富，尤以梅瓶和外宾礼品最具代表性。其中，梅瓶数量众多，品种丰富，器型多样，纹饰富于变化，在国内罕见，被誉为"国之瑰宝""集明代梅瓶之最""梅瓶之乡，桂林一绝"；外宾礼品藏品绚丽多彩、风格迥异、特色鲜明，代表了世界各国优秀的传统文化和独特的艺术风格，数量和种类也在全国各大城市中名列前茅，仅次于中国国家博物馆，是桂林博物馆独具地域特色的馆藏资源之一。

为了进一步展示传播桂林厚重的历史文化，打造桂林新的城市名片，桂林市委市政府启动了桂林博物馆新馆建设，并于 2016 年 12 月对外开放。桂林博物馆新馆总建筑面积为 3.4 万平方米，共有 14 个展厅，是历史文化名城桂林的"文化客厅"和地标性建筑。

近年来，随着人们文化需求的快速增长，人们对博物馆的多样化的观众服务和深层次的文物展示手段提出了更高的要求。特别是习近平"让文物活起来"的指示的发出，借助于新馆开放的重大契机，桂林博物馆迫切需要在拓展展览展示手段、优化博物馆教育传播效果、突破信息资源孤岛、提升游客服务品质等方面开拓创新。

从国内智慧博物馆的建设案例来看，国内智慧化建设都经历了统一规范、整合信息资源、破除信息孤岛的过程。这给我们的启示是：智慧博物馆的建设是一个系统工程，顶层设计非常重要，并应制定系统建设标准，各个系统之间需要设置好标准的接口；同时要遵循智慧博物馆"以人为本"的原则，以服务为导向，从受众的角度并结合本馆业务需求，在基于充分的需求分析的基础上开展符合自身需求和特色的智慧博物馆建设；技术手段只是为了内容而服务的，"标准＋需求分析＋创意"是智慧博物馆建设前期需要解决的问题。

第四章　红岩革命历史博物馆智慧化建设

红色文化是中国共产党在革命、建设和改革中形成的宝贵精神财富，是对中华民族优秀传统文化的继承、发展与创新，是社会主义先进文化的重要组成部分。传承和弘扬红色文化独特的价值与精神，对于增强国家文化软实力，加强和改进新时期爱国主义教育，弘扬和培育中华民族精神，构建社会主义核心价值体系，进而实现伟大中国梦具有重要而深远的历史意义。习近平曾反复强调，要把红色资源利用好，把红色传统发扬好，把红色基因传承好。

国家文物局《关于加强革命文物工作的通知》也提出，应切实加强革命文物保护，充分发挥革命文物的公共服务和社会教育作用。

重庆，是国家历史文化名城，"红岩精神"的发祥地，红岩文化的承载者，留下了大量与红岩先辈相关的遗址史迹。重庆红岩革命历史博物馆作为重庆市红岩文物收藏、保护、研究和展示中心，承担着以物证史，向社会公众展示宣传红岩精神的重任。博物馆由重庆红岩革命纪念馆（见图 4-1）、重庆歌乐山革命纪念馆、特园——中国民主党派陈列馆等九个革命纪念馆组成，是国家一级博物馆。秉承研究红岩历史，弘扬红岩精神的宗旨，博物馆积极发展红岩志愿者队伍，创建红岩工作室，充分发挥全国爱国主义教育基地、全国党风廉政建设教育基地、党性教育基地和科普教育基地的教育示范功能，每年接待国内外参观者超过 540 万人次，取得了显著的社会效益。

图 4-1　红岩革命纪念馆

长期以来，重庆红岩革命历史博物馆一直在积极探索、研究、实践博物馆资源的数字化采集、加工、管理与展示，努力提升博物馆的信息化水平，早在"十二五"期间就积极开展数字博物馆的建设，解决了智慧博物馆的基础网络硬件设施，创设了门户网站，搭建了单位局域网，创建了语音导览系统和办公自动化系统。

2015年9月，红岩联线下属产业集团与西南大学等单位成功申报立项国家科技支撑计划课题"区域特色旅游文化传承和挖掘关键技术应用与示范"（课题编号：2015BAK41B02），并承担了第二子课题"红岩文化展演与传播技术集成与示范课题研究"。同年6月，红岩联线向国家文物局成功申报"红岩革命历史博物馆数字化保护"项目，以国家级课题为依托，红岩联线开启了智慧化建设探索之路。

具体来说，红岩联线的智慧化建设工作主要体现在网络信息化、数字影像、数字陈列展览、文物数字保护、语音导览系统、数字资源管理系统、藏品管理系统建设、办公自动化系统建设、智慧票务系统、AR和VR产品设计这十个方面，为后续智慧博物馆综合平台的建设奠定了基础。

第一节　网络信息化建设

一、"互联网＋红色文化"的门户网站建设

作为红岩文化的网络承载体——门户网站，在信息化高度发展的今天，门户网站成了博物馆面向受众的第一窗口，红岩联线创建了红岩网、特园网、红村网三大网络资源，在极大程度上整合了信息资源，在传播红岩文化、宣传红岩精神方面发挥了重要作用。

网站始建于2002年，2007年完成整体改版，整合了新闻专题发布系统、数字博物馆、文物史料查询库、视频点播系统、网络购物等互动功能，每年报道红岩联线相关新闻1200余篇，编辑全国范围内相关文化信息2000多条，发布各类活动图片5000多张，刊载文字150余万字，每年定期制作各类大型纪念活动专题10余个，年点击率突破200万人次，形成了一套集设备、人才、采编流程、管理制度相对成熟的媒体框架，成为全国最具影响力的爱国主义专业网站和未成年人网上革命传统教育基地。

特园网作为中国民主党派历史陈列馆官方网站，始建于2010年，从不同角度全面宣传介绍中国政党体制，各民主党派的形成、发展、变革等历史事件，宣传报道民主党派陈列馆的参观动态、最新信息等。网站还同步推出了三维虚拟漫游，观众可以通过网站虚拟漫游整个中国民主党派历史陈列馆，以身临其境的参观方式、选择性的参观路径、娓娓动听的虚拟讲解，将观众带回到那段历史岁月。

中国红村网坚持"红村网＋"的发展方针，运用互联网思维打造红岩升级版，树立"红

色资源＋互联网思维"的发展理念和"大红村融大文化，大网媒带大旅游，大数据促大联盟，大创意铸大品牌"的发展目标，创建成为中国第一个智慧型爱国主义暨党性教育基地、中国第一个红色资源公共数据库（云服务）平台、中国第一个多介质效益型新兴网媒集团、中国第一个"互联网＋红色文化"创意产业研发基地，目前已完成"中国红村网""红村游手机网"等"十媒一体"的系统搭建，初步形成"红村网＋红色资源"格局。即中国红村网、中国红村网手机版（App 移动端）、红村游手机网（720° 全景图移动导览服务平台）、中国红村搜（红色百科搜索平台）、红村微信、红村掌媒、红村微博、红村视频（红色微电影、微纪录平台）、红村视窗（LED 多频协作互动平台）、中国红村多介质全媒体杂志（红村故事汇、老照片讲故事、老视频看历史、老文物说往事）。根据不同受众形态各异的用户需求，通过十大平台的不同功能、不同介质、不同传播手段，推送传播红色文化，生成提供红色文创产品，实现深度挖掘并整合共享红色资源。

二、红岩联线局域网的建设

如今，互联网已在中国形成规模，互联网应用走向多元化，互联网越来越深刻地改变着人们的学习、工作以及生活方式，甚至影响着整个社会进程。

对此，局域网的搭建成了红岩联线开展智慧化建设必须解决的首要问题，红岩联线管辖的景区地理位置分散，办公地点分布在多处，并且呈现跨区的特点，2017 年 6 月至 2018 年 10 月，经过一年多的努力，红岩联线建成了连接烈士墓、上清寺、红岩村三大片区的单位局域网，三个片区之间采用 VPN 接入技术实现互联建成大局域网，并采用 IPSec（互联网连接协议）方式对传输的数据进行加密。同时，在网络边界部署防火墙，保护内部局域网免受来自外部的攻击，保证内部人员的上网速度和互联网用户的访问体验。在内网部署上网行为管理设备，防止非法信息恶意传播，避免敏感信息泄漏；并可实时监控、管理网络资源使用情况，提高针对局域网用户以及 Wi-Fi 接入用户全面而灵活的上网行为审计能力，提高整体工作效率。

通过部署红岩联线办公网络所需的接入交换机、汇聚交换机等相关设备，提供防火墙、上网行为管理器、VPN 设备及办公 OA 服务器等相关设备，实施局域网和馆际互联网专线网络建设，满足了红岩联线信息化数据安全、访问需求，为后续智慧博物馆的搭建创建了基础网络环境。

第二节　数字影像创意制作

一、《愈炸愈强》三曲面裸眼 3D 视频

深入挖掘历史资料，以重庆大轰炸为主题，红岩联线制作了 5 分钟时长 3D 裸眼视频《愈炸愈强》，本片是重庆大轰炸的历史缩影，视频内容涵盖了大轰炸前民国时期的生活场景、轰炸时的悲壮场景、轰炸后废墟重建的决心，生动地展示了中共南方局在整个大轰炸中不畏艰难，浴血奋斗，坚持抗日民族统一战线，领导重庆人民抵抗侵略的历史画面。

视频内容均来自历史的还原，在视频中我们对民国时期的解放碑十字街空间布局进行真实还原，其中涉及具体的街道、地标老建筑等，所有建筑都比照老照片和采集的建筑数据进行 3D 建模。

影像采用电影级的 4K 模式，并设置成用于三曲面投影的播放格式，具有很大的视觉冲击力和历史沉浸感。

二、《西迁》三曲面裸眼 3D 视频

西迁是极其有特色的历史题材。该视频以《新华日报》西迁和中共南方局八路军办事处（以下简称八办）成立为主线，阐述了西迁前毛泽东《论持久战》的先见论断，西迁时中国共产党在日军轰炸和三峡险滩中绝处逢生的坚强意志，西迁后《新华日报》作为抗战利器所发挥的巨大作用。

视频资料均源自真实的历史资料，在视频中运用 3D 技术烘托了三峡的壮美、西迁过程的艰险和日军轰炸的惨烈。

三、毛主席书写《沁园春·雪》全息影像制作

通过 3D 技术还原渝中半岛，一只雄鹰从渝中半岛上飞过，吸引着观众的视角来到红岩村。随着镜头的推进，展现出傍晚夕阳照耀下的中共南方局驻重庆办事处大楼，月上枝头，灯火初燃，穿过八办楼体，一扇办公大门缓缓开启。在大幅三曲面投影的左侧呈现夜光下的八办轮廓，右边全息视频展现真人版毛主席正在办公室桌前写下《沁园春·雪》的诗篇，并起身朗诵，全息门逐渐关上，出现大幅蜡梅盛开、大雪纷飞，伟大领袖毛主席屹立万里长城的宏伟画面，最后伴随着激扬的音乐结束播放。

三曲面投影和全息影像的结合方式为国内首创，两者相得益彰，取得了非常好的展示效果，全息门采用全自动设计，与片子的配合达到巧妙的无缝衔接，该作品充分展示了高科技的现代化陈展。

四、动态重庆民国版《清明上河图》

通过对重庆地方史料的研究，我们整理了一系列重庆民国时期的具有地方特色的老建筑和遗址，如重庆抗建堂、国泰剧院、建设银行、纪功碑、华华公司、新华日报营业部旧址、吊脚楼等，将这些遗址串联起来，设计出富有创意的重庆民国版渝中半岛画卷，最后在四川美术学院知名画家笔下勾画出重庆民国版《清明上河图》的巨幅油画。

我们采用摄像机无缝采集技术对这个油画进行采集，并实现油画中的人物、马车、火轮、长江水在静态的画面中动起来，这种动静结合的方式，将原本沉寂封存的历史以活灵活现的方式呈现在观众面前，让人们更加直观地感受民国时期重庆的地方特色和传统文化。

五、以红岩景、英雄事、遗址忆为主题的系列专题片

制作以红岩景、英雄事、遗址忆为主题的系列专题片反映了今日红岩、红岩英豪、红岩历史，《今日红岩——生态红岩》视频内容来自红岩四季风景照，红岩联线不仅是一个博物馆，也是一个遗址群，更是重庆的美丽花园，吸引着绶带鸟、猫头鹰、小松鼠等各种野生动物嬉戏于此，也招揽着无数摄影爱好者不远千里来到红岩联线定格画面，《今日红岩——生态红岩》将红岩的美一览无余地展现给观众，让城市中疲惫的心灵得以洗礼。

红岩联线作为全国首批党性教育基地，吸引着全国各地的观众来到红岩接受革命教育，红岩小说家喻户晓，可能许多人都听说过江竹筠、许云峰、华子良、小萝卜头的故事，"11·27"大屠杀后在世的脱险志士少之又少，他们同样是共产主义革命斗争的勇士，我们应该尽可能地让更多的人来认识他们、了解他们，真实感受他们所经历的那段风起云涌的过去，在心灵深处感受共产党为人民解放、人民幸福所做出的巨大贡献。对此，我们与时间赛跑，积极开展脱险志士采访，制作了《郭德贤纪录片》，以郭德贤口述历史为脉络，穿插各种历史资料，让我们真切了解脱险志士郭德贤在家、国、情、义中时刻体现出的对党忠贞的伟大革命意志。

红岩联线有几十处遗址，其中渣滓洞是一个热门打卡地，如何让文物活起来，了解文物背后的故事，让遗址类纪录片更加富有情感，更加生动，我们一改以往解说词似的拍摄手法，以拟人的方式将她的故事向观众们娓娓道来，穿插渣滓洞实景演出，以讲解员、观众、作家的视角解析渣滓洞，让观众对渣滓洞和她的故事有更深层次的了解和更直观的认识。

第三节　陈列展览的数字展示技术及应用

依托国家科技支撑计划课题"区域特色旅游文化传承和挖掘关键技术应用与示范"（课题编号：2015BAK41B02）第二子课题"红岩文化展演与传播技术集成与示范课题研究"，

综合运用多通道双曲面投影、三维数字影片、全息投影、AR 展示、VR 展示、壁画雕塑、文创产品制作等多技术无缝融合的创新展陈模式，将厚重的历史、前沿的科技、新颖的创意和结合，提升展览的艺术性、技术性、历史性和参与性。

一、红岩记忆数字体验厅

红岩记忆数字体验厅致力于从传统展览向数字化、集成化、网络化、智能化方向迈进，在实际应用中不断开发新的数字技术，使体验厅在蕴含更多内容的同时，突破图片、文字等传统手段，呈现出立体的、多元的、互动的态势，满足不断求新求变的观众需求。

该体验厅以数字化展览为主，结合观众被动观看与主动参与的两种模式，集多通道投影、三维数字影片、全息投影、AR 展示、VR 展示、油画雕塑、文创产品制作等七大功能于一体，集约化、数字化、一体化地展示红岩精神。这是目前国内所有纪念馆乃至博物馆中所未曾出现过的，具有极大的示范作用。

二、三曲面投影技术

红岩记忆数字体验厅采用三曲面投影，墙长 18 米，宽 4 米，目前国内科技厅多呈现单曲幕、双曲幕，还没有三曲幕的先例，相对于单曲幕、双曲幕，三曲幕对视频制作要求更高，视频内容投在三曲面上必须无明显畸变，同时内容的制作要考虑到大场景的体验感，对视频的精度要求极高。我们制作的《愈炸愈强》《西迁》裸眼 3D 影片将投影畸变控制在适度的范围内，达到了画面 2/3 直射视角范围内无明显畸变，实现电影级 4K 分辨率。

三、油画与 AR 技术融合展示

我们绘制了一幅呈现包含红色三岩、精神堡垒等重庆地标性建筑的全景油画，但单一静态壁画已无法满足游客的多元需求。为此，我们在油画中的多处场景设置了 AR 系统，游客可通过移动终端扫描展示该地标建筑的三维立体模型，游客可以在指尖 720° 翻转、放大、缩小三维模型，穿越历史同该景点合影，力求让壁画生动起来。

四、三曲面投影与全息技术无缝衔接

在三曲面投影系统中，开设了全息技术展示区，通过在曲面投影系统中设置可开启的机械门，在门内空间里安放了影像前沿技术——双幕全息投影系统，以达到观众视线穿越机械门，观看用全息技术呈现的毛主席在红岩村书写《沁园春·雪》的影像。在观众观看毛主席书写《沁园春·雪》影像时，双曲面投影系统根据场景起渲染和补充作用，以达到双曲面投影与全息技术的完美结合。

五、VR系统同三曲面投影系统结合探究

三曲面投影系统的功能不仅限于使观众被动地接受系统所播放的影片，还希望强化观众的主动体验参与程度。为此，我们将VR系统融入曲面投影系统中，观众一人佩戴VR头盔体验民国时期重庆风貌街虚拟漫游场景，同时曲面投影系统播放佩戴头盔的观众所体验的第一视角虚拟漫游画面，形成一名观众带领全场观众体验重庆风貌街的体验模式。

六、互动触摸程序开发

引入时下高新技术开展独立创新的多媒体项目，通过各种科技手段，将历史的厚重与前沿的创意相结合，提升科技体验厅的可看性、观赏性、互动性、参与性。应用高分辨率显示大屏、触摸技术，选取30件经典的红岩一级文物数字化采集成果，含镇馆之宝——《新华日报》印刷机——高清动态3D模型于一体，开发触摸屏程序，观众只需要轻轻点击任意文物就可以多角度查看文物信息；在采集的巨幅油画中嵌入多处遗址热点，拖动油画点击图中遗址热点，即可出现文物遗址的图文介绍，同时将八办、饶国模故居、桂园、周公馆、渣滓洞、白公馆、蒋家院子、《新华日报》营业部旧址精细3D模型和遗址自动虚拟漫游整合在互动触摸系统中，让观众可以选择性地点击遗址模型和自动漫游，不用亲自到现场也能真切地了解文物遗址。

七、集成式平台的设计

体验厅以三曲面投影系统为基础，将AR系统、VR系统、全息投影系统、文创产品制作系统融入曲面投影系统中，搭建了多系统融合的集成平台。此平台为开放式、兼容性平台，预留了内容升级的技术条件，其播放内容可不断更新和丰富。所有多媒体项目实现了集中控制管理，远程控制系统将场馆内所有电子展示设备均纳入智能化控制范畴，全面实现场馆一键式开关机，实现全面化、模式化、一体化的智能控制。管理员只需通过控制室的控制终端进行模式控制或分项控制就可以简单方便地掌控各类复杂的子系统设备，包括以下内容：

（1）控制场馆内每台投影机的开机、关机、视频切换，并且延时断电保护投影机散热；

（2）控制触摸屏、图文播放设备的电源开关；

（3）控制电脑的关机、开机、音量调节；

（4）当游客进入某些指定区域，向虚拟讲解系统发出信号，让对应点的虚拟讲解系统开始播放内容；

（5）展馆一键式开闭馆、定时开闭馆等，达到科技体验厅的全面智能化。

八、火烧渣滓洞墙体投影实景演出

渣滓洞遗址一直以来是重庆热门打卡地，为了给观众更好地了解渣滓洞，更加直观而形象地展示渣滓洞"11·27"大屠杀事件，我们在结合原有的实景演出的基础上，设计了火烧渣滓洞墙体投影，实现演员实景演出和高科技投影手段的融合。

墙体投影近几年才开始在博物馆中运用，比如敦煌莫高窟的大型实景演出就运用了大量的墙体投影，渣滓洞墙体投影是建立在对渣滓洞建筑遗址本身以 1∶1 的比例 3D 采集的基础上，通过制作火烧视频，实现了投影内容和实际墙体完全吻合，并通过染色灯从建筑背部往屋顶打红光灯，创建出更逼真的火烧场景，同时制作渣滓洞逃生墙垮塌视频，再现"11·27"大屠杀血和泪的生死之战。

第四节　文物数字化保护及数据成果转化

2015 年 6 月，我们向国家文物局成功申报立项"红岩革命历史博物馆数字化保护"项目。以此项目为依托，我们对红岩联线二级以上可移动平面类和实物类文物实施数字化保护，降低对实体文物的使用频率，减少文物伤害，实现对文物信息进行抢救性最大化提取，同时也选取了八处文物遗址，采用精细 3D 建模方式采集遗址信息，为文物修复提供数据支撑，并依托数据，开发出一系列文创产品。

一、红岩文物数字化采集

数字化采集主要采用高清拍摄技术、高清扫描技术以及文物环拍技术。严格遵守文物保护原则和相关藏品管理制度，以确保文物安全为第一原则，因地制宜采用符合红岩联线文物特征的采集方式。红岩联线一级文物中纸质类文物约占 80%，包括报纸、壁报、书籍等，因此选择使用高清拍摄和高清扫描技术。高清拍摄采集标准为图片的格式：PSB（大型文件格式），高清扫描采集标准为图片格式：TIF 格式，图片的像素：800DPI（英寸点数）、图片的文件大小不低于 60M。针对本馆实物类文物，采用 360° 高清环拍的文物采集方式。目前已经完成红岩联线三级以上平面类文物采集 2656 件，基于三维激光扫描、高清纹理拍摄技术，对重庆红岩革命历史博物馆八处革命旧址：八办、饶国模故居、桂园、周公馆、渣滓洞、白公馆、蒋家院子、《新华日报》营业部旧址进行三维扫描建模、纹理采集及展示。

二、文物数据库的建设与应用

红岩革命历史博物馆作为重庆革命文化历史见证的载体，承担着以物证史、向社会公众展示宣传重庆厚重的红色文化责任。自建馆以来，博物馆累积了大量的业务资源数据，包括博物馆日常管理、业务资料、人物档案、遗址档案、烈士墓档案等方面，既有电子文档，也有纸质资料，这些数据也是博物馆信息化的重要对象，同时也是后续博物馆构建现代化的服务体系的重要基础。

因此，红岩联线建立数据资源库，依据和参考国家博物馆行业数据规范、馆藏文物著录规范制定统一的数据采集实施方案以及数据存储和分类标准，并进行详细讨论论证，保证数据收集的质量和效果。然后根据《国有馆藏文物著录规范》《第一次可移动文物普查规范》《博物馆管理规范》等标准规范，将红岩革命历史博物馆内所有的相关数字资源，比如博物馆文物数据信息、档案资料、展陈、活动照片、媒资库中已存资料等进行统一管理。整合利用旧软件，使用统一的标准导出旧数据，并进行格式转换，存储至新的数据库，具备数字资源录入管理、加工管理、利用管理、发布与展示、资源检索、统计分析报表等功能模块，满足日常业务文物数据需求。

三、三大主题陈列 720° 全景数据采集加工

720° 全景漫游极具真实感。全景漫游取材完全来自于现实场景，再加上它本身的三维特点，让用户有身临其境的感觉。基于该特征，为了拉近公众与这些固定在地表而又珍贵的文保单位的距离，我们采用基于 HDR（高速数据传输技术）的高清全景技术采集重庆红岩革命历史博物馆的 720° 高清全景数据，为全景漫游采集素材。

720° 地面 HDR 高清全景，是利用专业相机环拍 720° 所得的一组照片，再通过专业软件无缝处理拼接所得的一张全景图像，然后采用 HTML5 技术制作，通过拥有的全景与激光点云匹配技术制作 720° 地面 HDR 高清激光全景数据。该数据成果可以用鼠标随意上下、左右、前后拖动观看，亦可以通过鼠标滚轮放大、缩小场景。图像内部可安放热点，点击可以实现场景的来回切换。除此之外，还可以插入语音解说、图片及文字说明。目前，已经完成我馆所有三大主题陈列和红岩村 720° 全景漫游，并且在红村网旅游频道正式上线，达到了模拟和再现场景的真实环境的效果，虚拟还原出不可移动文物，深受观众喜爱，打破不可移动文物传播范围的限制。

第五节　AR、VR 技术在文创产品开发中的应用

一、AR 明信片和 AR T 恤

在"红岩记忆"数字体验厅的体验过程中，为避免观众陷入走马观花、风过无痕式的体验模式，而是希望能将每位观众自身的独特体验感受带回家。为此，我们设计出了 AR 技术同文创产品开发相融合的方式。制作手绘画版的红岩记忆系列明信片，集中展示了饶

国模故居、八办、桂园、周公馆、渣滓洞、白公馆、蒋家院子、《新华日报》营业部旧址等文物遗址，同时将以上遗址制作成文创T恤，游客关注红岩掌媒微信公众号，通过下载"红岩记忆"app即可通过AR技术扫图，呈现动态3D模型，使观众能将红岩记忆的数字化体验带回家。

二、与毛主席在一起AR技术

通过手机关注红村掌媒微信公众号，下载与毛主席在一起AR，在红岩村八办二楼毛主席办公室，通过扫描毛主席的办公桌，即可在手机端呈现毛主席书写《沁园春·雪》的视频。

三、巴渝往事AR技术

详见油画与AR技术融合展示，这里不再赘述。

四、虚拟现实技术应用

在VR应用方面，我们设计开发了红岩联线八处遗址3D虚拟漫游、夜游民国街、渣滓洞越狱的VR作品。

其中，遗址3D虚拟漫游中，我们通过遗址内陈列的实物类文物进行3D采集，带上头盔，通过手柄可以实现与遗址内陈列物品的互动。

夜游民国街：我们通过还原解放碑十字街，让观众有身临其境夜游民国街的感觉，耳边环绕着民国时期的小曲，通过手柄的操作可以选择乘坐黄包车并到指定的地方去，同时将红岩联线几处遗址放入其中，观众可以随意指定任何一个景点，即可实现景点的自行漫游。

渣滓洞越狱：带你体验一把越狱的惊险瞬间，操纵手柄如枪置手，让你在枪林弹雨中绝处逢生。

第六节　红岩智慧博物馆综合服务平台建设

通过上几个节的概括总结梳理，我们清楚地知道智慧博物馆建设的出发点和落脚点，都是为了实现博物馆职能和功能，更好地为受众服务。红岩联线的智慧化建设也在摸索中前进，并完成了基础网络设施的搭建、重点文物数据的采集、四个业务子系统的创建，在提升博物馆陈展科技性上下功夫，取得了较好的效果，但是比起智慧博物馆来说还是有一定的差距。

从博物馆的发展脉络上，我们仍处在数字化发展的阶段，在智慧博物馆的发展框架结构上，我们仍处在下层阶段（即数据建设阶段），如何以数字化为基础，以"智慧保护""智慧管理""智慧服务"，以及智慧服务扩展出"互联网＋"的框架，建设具备"分析"能力的博物馆，成了本章节需要研究的课题。

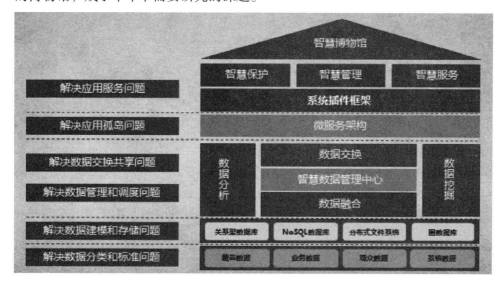

图 4-2　智慧博物馆金字塔构建图解

智慧博物馆的建设必须基于一定的数据量，正如图 4-1 中所反映的，它是由数据、数据库、数据共享，最后才是应用层各类系统的整合而成的智慧平台。

一、红岩智慧博物馆的顶层设计和标准

（一）红岩智慧博物馆顶层设计需要考虑的问题

正如图 4-2 所示，建设具有分析能力的博物馆，需要解决六大问题，这些问题也是红岩智慧博物馆顶层设计之前需要考虑到的。

1. 解决应用服务问题

近年来，重庆红岩革命历史博物馆积极探索、研究、实践博物馆资源的数字化采集、加工、管理与展示，努力提升博物馆的信息化水平，取得了显著成果，先后完成了网站开发、八办和曾家岩 50 号虚拟展示等一些数字化博物馆的建设工作，但在互联网的融合程度上离智慧博物馆还有一定的差距。因此，重庆红岩革命历史博物馆数字化保护服务采购项目建设的目标之一就是通过顶层设计，建设以多源异构的博物馆数字资源库为基础，多个应用子系统协同工作的新的智能化软件自我演进模式，并形成统一的数据标准及规范，实现更透彻感知的文物数字化管理与服务。

2. 解决应用孤岛问题

突破信息孤岛，加强信息资源互通与共享，是当前我国博物馆领域快速发展的必然要求。目前，重庆红岩革命历史博物馆受网络、资讯、费用等条件的制约，信息资源无法在更大区域范围内被人们共享，馆内不同部门之间的信息交流不够通畅，资源也无法互通有无，各自优势得不到很好互补，无法发挥博物馆的整体优势，在一定程度上造成了博物馆资源的浪费。通过重庆红岩革命历史博物馆智慧博物馆项目的建设，将实现重庆红岩革命历史博物馆资源的信息化加工，实现博物馆资源信息的流通与共享，实现博物馆内部不同部门之间的优势互补，进而实现重庆红岩革命历史博物馆信息资源在重庆市域内的共享、交流与利用，进一步彰显重庆市的精神文化气息，促进重庆文化产业发展。

3. 解决数据交换共享问题

通过构建数据管理中心，可为跨馆内的不同应用系统、不同数据库之间的互联互通提供包含提取、转换、传输和加载等操作的数据整合服务，实现扩展性良好的"松耦合"结构的应用和数据集成。利用数据管理中心，通过分布式部署和集中式管理架构，可以有效解决各节点之间数据的及时、高效地上传下达，在安全、方便、快捷、顺畅地进行信息交换的同时，精准地保证数据的一致性和准确性，实现数据的一次采集、多系统共享。基于数据交换节点服务器适配器的可视化配置功能，可以有效解决数据交换平台的相关问题，快速实现不同业务部门、不同应用系统、不同数据库之间基于不同传输协议的数据交换与信息共享，为各种应用和决策支持提供良好的数据环境。

4. 解决数据管理和调度问题

随着博物馆积极引入现代化的技术手段，推进网上虚拟博物馆建设，重庆红岩革命历史博物馆累积了大量的数字资源，但由于历史原因，博物馆的资源分散在不同的部门之中，缺乏统一有效的管理、共享和内容挖掘。因此，重庆红岩革命历史博物馆智慧博物馆项目建设，将根据文物保护、管理、展示、教育、公众服务等实际需求，整合优化并打破各自独立的壁垒，打造统一的智慧博物馆的大数据中心平台，实现重庆红岩革命历史博物馆数字化资源、馆藏文物资源的集中存储和统一管理，有效解决重庆红岩革命历史博物馆资源分散和重复建设等突出问题，加快重庆红岩革命历史博物馆信息化步伐，逐步实现博物馆资源数字化、行业管理科学化、公众服务智能化。

5. 解决数据建模和存储问题

数据管理中心将综合使用关系型数据库、NoSQL（非关系型的数据库）数据库、分布式文件存储系、图数据库等数据分析和存储系统，结合我馆各部门的实际业务需求，对实际工作中所产生和需要管理的数据进行综合分析，选择描述型分析或者预测型分析，最终正确而连贯地建立各类型数据模型，辅助我馆各业务部门做出快速、灵活的决策，保证更加科学、快速、精准的工作结果。

6. 解决数据分类和标准问题

全面有效地组织整个智慧博物馆构建中大量异构的数字资源，全方位地揭示藏品信息，丰富检索结果的内容类型，满足用户的多角度检索，遵循元数据设计原则，结合国际上数字博物馆领域成熟的元数据，对国内统一元数据标准《文物馆藏信息指标体系规范》进行改造，形成一个面向数字资源的、可扩展的通用元数据模型。旨在保留原始数据完整性和复杂性的基础上，构建适合博物馆数字资源描述与共享的元数据模型，改变现有元数据揭示角度的单一性，以利于数字资源的多角度检索和知识发现。

（二）红岩智慧博物馆平台总体架构设计

1. 技术架构（见图4-3）

红岩智慧博物馆技术架构将采用基于SOA架构的开发理念，以提供服务接口的模式高度集成各类应用，以适应各系统变化、新增和无缝衔接；采用面向对象开发思想，采用多层架构，分为业务前端应用、应用服务、数据操作等模块，为以后代码维护奠定基础。

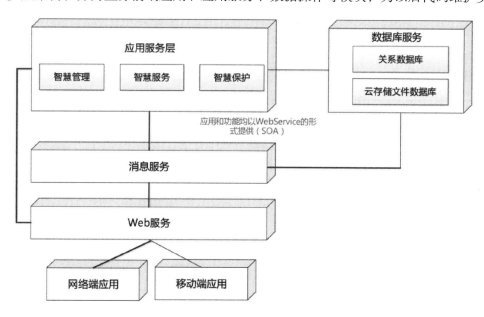

图4-3　红岩智意博物馆技术架构图

2. 平台架构（见图4-4）

红岩智慧博物馆平台总体架构，结合博物馆现有数字资源和信息系统，在国家文物局统一标准和范式下进行设计和开发。

总体架构采用模块化的设计思想，将各业务系统以及相关的通用支撑应用进行模块化封装，并利用虚拟化和应用服务总线对封装后的应用、服务和子系统进行集成，使它们相互之间能够进行数据的交换、通信和调用，通过服务编排技术可以将粒度较细的服务进行有序组合，快速形成粗粒度的功能和应用，降低应用的开发和集成复杂度。总体架构包括如下内容。

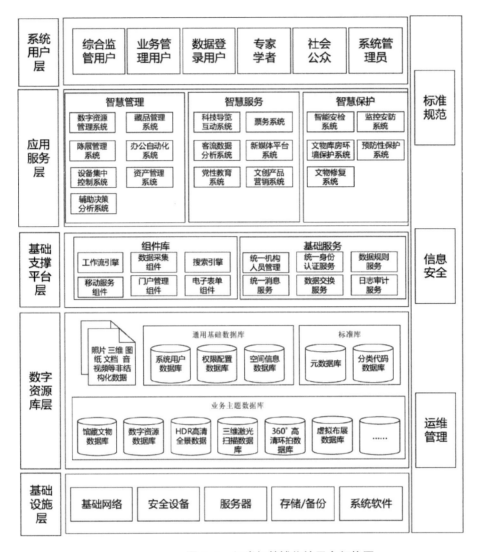

图 4-4 红岩智慧博物馆平台架构图

（1）基础设施层。红岩智慧博物馆通过云平台上部署基础软硬件资源，基础软硬件资源包括基础网络、虚拟服务器（应用服务器、数据库服务器、文件服务器等）、磁盘阵列、基础软件（操作系统、数据库），以及其他必要资源。

（2）数字资源库层（一库）。数字资源库包括业务主题数据库、通用基础数据库、标准库，以及照片、三维、图纸、文档、音视频等非结构化数据，是红岩智慧博物馆的数据来源，为整个系统运行提供数据支撑。

（3）基础支撑平台层（一平台）。支撑平台层提供了多种核心、共用的基础组件和基础服务接口，基础组件包括门户管理组件、工作流引擎、搜索引擎、移动服务组件、数据采集组件、电子表单组件等，基础服务则包括统一机构人员管理、统一身份认证服务、数据规则服务、统一消息服务、数据交换服务、日志审计服务。该层采用面向对象、组件式设计等技术，提供的组件是跨领域、与具体业务无关、通用的基础服务，能随着业务系统的发展变化而扩展、伸缩，从而降低系统的运行维护成本，实现后续系统持续动态升级。

（4）应用服务层（三应用）。在红岩智慧博物馆的系统搭建框架中有具体的应用。

（5）系统用户层。系统用户是红岩智慧博物馆的服务对象，包括综合监管用户、业务管理用户、数据登录用户、专家学者、社会公众、系统管理员等六类用户。

（6）保障体系。本项目的建设及后续维护离不开保障体系建设，包括标准规范编制、系统安全建设、系统运维管理等。

二、部署环境

（一）采用云平台方式

随着互联网的快速发展，云计算技术也在不断进步，云平台也应运而生。什么是云平台？平台云是支撑网络化应用和服务开发、部署、运行和管理的一系列中间件系统的整体平台，云平台提供基于互联网的硬件服务——平台即服务。云平台能提高资源的利用率，降低能源消耗，它可以通过引入虚拟化等科技手段，来细化物理资源分配单元，从而提升系统分布的密度，提高系统使用效率，降低对物理设备的需求，降低 IT 设备投入，降低能耗，节约成本。云平台解决方案能让其更快速地进行资源管理，快速实施硬件网络平台建设。云平台具有强大的功能、完善的服务、灵活的扩展、低维护成本等优势，使得越来越多的用户采用云平台实现"互联网＋"的软件应用。

（二）基础软件

基础软件的选择对整个数字化保护平台的性能和稳定性、可靠性起到至关重要的作用，包括操作系统以及安装在操作系统之上的应用服务器软件、数据库服务器软件等应用系统、支撑软件。建设范围主要包括以下几个方面：操作系统；虚拟化软件；中间件，主要包括应用中间件和消息中间件；数据库管理软件；业务智能软件，主要包括数据仓库引擎、ETL 工具数据挖掘工具等。

（三）基础网络

基础网络是红岩智慧博物馆平台基础设施的重要组成部分，由数据感知网和数据传输网组成，如图 4-5 所示。数据感知网主要用于对支撑平台业务所需的信息进行数据采集，目标是对红岩智慧博物馆平台数据等管理要素的全面感知和有效接入。

数据传输网是红岩智慧博物馆信息交换和开展业务应用的网络系统，也是对社会公众提供信息服务的重要通道，数据通信网络又分为业务承载网和隔离区（DMZ）两大部分。业务承载网分为红岩智慧博物馆多个层级，是各级数据中心、局域网、应用系统和终端之间互访互通的承载平台，同时通过 DMZ 与互联网、外部专网进行可控交互，以满足外部终端与系统的访问需求。

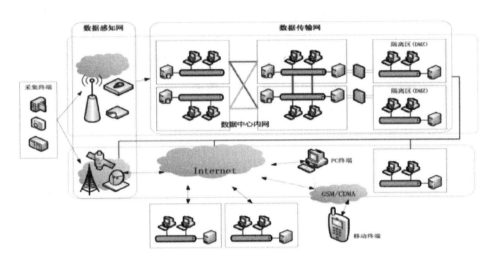

图 4-5   总体拓扑结构

（四）云数据中心

数据中心的建设要考虑各异构系统之间的数据交换和共享，以及红岩智慧博物馆各部门内部之间的数据交换关系，明确数据中心功能定位、体系架构、数据交换和共享机制等，也要充分考虑未来升级扩展、容灾备份，以及与其他相关单位的信息共享等要求。建成后的数据中心是各项博物馆业务系统 IT 应用的提供中心，是文化信息资源、网络传输、存储的中心，多种职能综合服务的提供中心。

数据中心拥有网络、服务、存储以及安全等多种职能，是整个红岩智慧博物馆信息化建设的核心，利用模块化的设计思路，采用分级、分区、分层、分类的规划方法，实现数据中心逻辑功能的模块分区设计。标准化的数据中心架构，层次清晰，能实现数据中心高可靠、高性能、易管理、易扩展的目标。

（五）软件环境

在硬件环境下，平台的运行还需要良好的系统软件做支撑，本项目中涉及的系统软件如表 4-6 所示。

表 4-6   红岩智 1 慧博物馆综合服务平台的软件系统

类别	软件
操作系统	Windows 2016 ServerR2 标准版
数据库	SQL Server 2016 标准版

三、红岩智慧博物馆的系统搭建框架

红岩智慧博物馆综合服务系统主要包括"智慧保护""智慧管理""智慧服务"等 3 个大的部分，共计 18 个系统的建设内容（见图 4-7），其中，"智慧保护"包括智能安检、监控安防、预防性保护、文物修复 4 个系统的建设内容，"智慧管理"包括文物库房管理、数字资源管理、藏品管理、陈展管理、办公自动化系统、设备集中控制、资产管理、辅助决策分析 8 个系统的建设内容，"智慧服务"包括科技导览互动、票务、客流数据分析、新媒体平台、党性教育、文创产品营销 6 个系统的建设内容。智慧博物馆大平台建设框架图如下所示：

其中，图 6-5 中的数字资源管理系统、藏品管理系统、办公自动化系统、科技导览互动系统、票务系统，已经完成或者正在建设中。

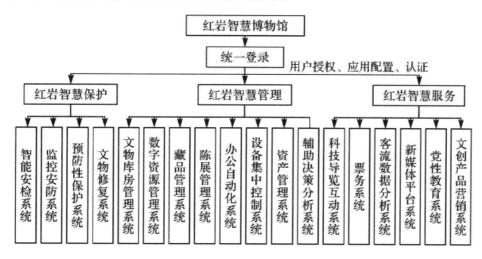

图 4-7　红岩智慧博物馆综合服务系统

四、子系统的功能介绍

（一）智能安检系统

智能安检系统具备安全检查和人员数量统计报警功能，采用专用的探测装置、X 光技术和人脸识别系统对过检人员进行智能检查，以排查违禁物品；通过红外线识别设备对展区不同位置人员数量实时监控，维持景区秩序，排除潜在的安全隐患，同时实现后台数据与票务系统互通互联。

1. 智能安检系统的硬件设备功能介绍

智能安检系统的硬件设备包括安检门和安检机。安检门是一种检测人员有无携带违禁金属物品的探测装置，又称金属探测门，主要应用在进入人员较复杂的公共场所以检查人身体上隐藏的金属物品，如枪支、管制刀具等违禁物品。当被检查人员从安检门通过时，人身体上所携带的金属违禁物品超过安检门设置的总量时，安检门即刻报警；安检门上方设置人脸识别系统，可以对过检人员进行人脸识别记录，并显示每天过安检的具体人数。X 光安检机是借助于输送带将被检查行李送入 X 射线检查通道而完成检查的电子设备，主要是对除人体以外的行李、物品等进行透视性的扫描，以发现隐藏的危险物品。

2.安检系统客流分析功能介绍

在每个景区多处设置红外线识别设备，可以在后台中查看每个景点的游客分布情况，对于客流密集处将启动报警功能，方便对人流进行疏通和安全管理，同时也便于景点清场。

在景区电子显示屏中实时显示在馆参观人数、可预约人数。该功能与票务系统实现数据互通互联，当超过规定时间段人流限定峰值时，游客将无法在票务系统预约该时间段的门票。

（二）监控安防系统

红岩联线的安防系统拟进行智能化开发。开发完成后，通过其预留的开放端口，可以接入智慧景区、智慧博物馆大平台中进行管理和操作。该系统具备智能视频监控、入侵报警、在线电子巡查、出入口控制等功能，能够很大程度上提高安防的力度，实现安防无死角。

1.智能视频监控

智能视频监控主要在景区范围内对人员聚集、人员徘徊、禁入区域、快速移动、跨线非法侵入、非法停车等进行24小时不间断实时检测监控，只要出现以上情况就会触发报警，然后将情况上传监控中心，引起监控人员注意。

2.入侵报警

根据对景区、博物馆使用需求的分析，结合景区、博物馆建筑物结构情况及各功能区的划分，通过多种探测技术对各区域进行布防，形成一个多层立体交叉的严密防护网，达到提前预警、阻止犯罪的目的。

前端设备主要采用双鉴探测器、红外幕帘探测器、红外对射、被动红外探测器、玻璃破碎探测器、震动传感器和紧急报警按钮，设备的布置将主要考虑周界、各个展厅、展台、库房、出入口、监控室、武警器械室和重要办公室等重要部位的监控。通过对建筑结构和用户需求的分析，合理地设置报警点位，并根据不同的需要设计各种类型的前端报警设备。系统核心设备为大型报警通信控制主机，该主机通过总线集中接入前端的探测器，根据自身对不同防区设定撤/设防状态，判断是否处于报警状态。一旦报警，则触发声光提示以及联动相关设备，自动提供报警信息。

3.在线电子巡查

采用在线式巡查方式，与出入口控制系统的读卡器联合设置，采用电脑随即产生巡更路线和巡更间隔时间来确定最后的巡更范围和路径，最大限度地给博物馆的安保巡视带来便利。

4.出入口控制系统

以主动地控制替代了被动监视的方式，通过对主要通道的控制大大地防止了嫌疑人从正常通道的入侵，一旦罪案发生，可以通过对通道门的控制限制嫌犯的活动范围以制止其犯罪，减少损失。

（三）预防性保护系统

预防性保护系统是及时掌握博物馆环境质量，并分析了解其变化规律以实施必要改善措施的必要手段，是本项目的关键系统。首先，鉴于本项目中文物藏品受湿度的影响较温度敏感，馆藏文物保存环境监控系统的环境温湿度控制以湿度为优先；其次，针对重庆红岩革命历史博物馆室内不同的材料对各种环境因素的敏感程度不同，即不同材质文物的主要环境影响因素是不尽相同的，尤其是代表性的特征污染物的影响，因此系统需有的放矢地对这些"特征污染物"的浓度实施监测和净化控制。预防性保护系统主要是为了满足对文物保存微环境（库房、展柜）、文物本体病害等的监测需求，如温度、湿度、光照度、紫外线强度、有害气体、土壤含水率、裂隙、位移、病害实时变化等参数进行实时监测，并对监测数据进行挖掘整理，建立监测数据库，为文物预防性保护提供技术支撑，为文物保护措施的制定提供科学依据，实现完整的"监测—评估—预警—调控"文物预防性保护。这个系统包含以下功能模块。

1. 实时监测

系统可实现文物保护环境参数监测的多样性，能够对环境中的大气温湿度、大气二氧化碳浓度、总挥发性有机化合物含量、降尘、光照度及紫外线辐射强度、污染气体等参数进行实时采集，并结合现代先进的嵌入式计算技术、无线自组网技术，以及无线通信技术，将采集的数据传送到监控终端，实现馆藏文物保护环境参数的实时监测。

2. 数据分析

针对采集到的环境参数数据，系统可通过传感监测设备后台软件的初步计算处理功能及系统后台数据智能处理模块，对监测数据进行、详尽的统计、分析、整理，计算得出所需专业数据，如累计光照曝光量、累计紫外线辐射量、各项采集数据平均值等。系统同时提供实时数据列表显示和图形化显示功能，以及监测点部署的图形化显示，用户可实时查看、直观掌握馆内各监测点的实时数据信息和设备的工作状态等信息。

3. 异常告警

系统可基于标准或经验分析，根据需要设置各监测点文物保存环境参数阈值，当监测点实时数据信息超出许可范围后，通过声音、图形、手机短信息、电子邮件等多种方式向相关工作人员提示监测数据已达到或超过报警值，实现对环境参数异常的及时预警，第一时间提醒相关人员采取必要的保护和调节措施，有效地提高了文物保护的效率。

4. 功能展示

在系统的软件界面中可切换显示各种系统监测界面、统计分析结果和实时图像。系统监测传感设备采集的馆藏文物保存环境信息动态变化及数据后台分析处理结果通过系统软件界面实时显示、动态更新。包括监测点列表树状显示，基于电子地图的监测区域平面图监测点部署位置及运行状态的直观显示，监测点的历史数据，按监测点编号、监测参数类型、指定时间段等获取历史数据的图形化呈现等。同时，当有异常发生时，异常告警通知同样以声光色或弹出框等形式显示在大屏幕上，便于管理人员及时查看、掌握和应急措施的及时施行。

5.灵活变更

基于室内 GIS（地理信息系统）系统，并关联馆内监测点环境信息实时采集数据，实时监测系统数据可进行自动分析，并对监测区域设备数据进行实时更新。当传感采集设备损坏更换、撤销，或有新设备添加时，系统可灵活处理，及时进行更新和升级。该功能充分满足项目监测区域扩展，或临时展厅等馆藏文物保存环境监测参数变更等需求。

（四）文物修复系统

文物修复系统主要适用于博物馆文物修复保护中心专业修复保护研究工作人员使用，用来记录和维护日常修复保护过程，并对修复保护成果进行跟踪分析，完善修复保护方法，更新修复原材料以形成科学的修复保护理论，旨在建立和完善科学的文物修复保护体系。本系统要求包含修复文物分类管理、修复材料管理、修复方法管理、修复过程管理、修复结果查询对比、修复文物统计分析、环境监测分析、文物修复保护的教育与推广等功能点。

1.修复文物分类管理

修复文物分类管理主要是对当前博物馆所储藏文物种类进行分类，以方便文物的保管、陈展管理之需，同时利用同一类文物的材质相似来对该类文物修复保护进行分析和研究。主要包括以下功能点：新增文物分类、修改文物分类、查询文物分类和删除文物分类。

2.修复材料管理

修复材料管理即修复保护工作人员根据修复过程耗材的需要，增加修复保护所需材料信息，并对修复材料进行归类分组管理，如清洁与抛光类材料、无酸类材料、专用化工与树脂类材料等修复保护材料和材料类别的增加。

3.修复方法管理

文物修复方法在文物修复保护过程中尤为重要，它是记录有效保护文物的过程，也为后期类似文物修复提供了有力的数据依据。修复方法管理主要包括以下功能点：新增修复方法、编辑修复方法、查询修复方法和删除修复方法。

4.修复过程管理

文物修复过程是一个非常严格且非常科学的过程。在进行修复时，首先要确定文物材料类别、性能及其损坏情况，先做好文字绘图、照相记录，然后制订修复方案，修复用料要尽可能与原物一致，并尽量采用原制作方法和工序；在修复方案报审上级领导专家审核同意后，方可严格执行修复方案。修复过程管理主要包含以下功能点：修复方案管理、修复方案审核、修复过程记录、修复过程修改、修复结果报审和修复报告生成等。

5.修复结果查询对比

修复结果查询对比是根据文物修复类表、基础材料使用、修复方法使用等基础信息对修复结果进行对比说明，比如，对修复后的文物保存时间长短，修复后长、宽、高、体积、重量等文物可以量化的指标项进行对比。具体包括一般查询对比、高级查询对比两大功能点。

6. 修复文物统计分析

修复文物统计分析，根据文物特质（质地、年代、修复方法、修复人、修复时间、文物来源等）信息对修复文物进行统计分析，并输出表格、饼状图和柱状图，支持统计分析图打印。

7. 环境监测分析

文物的修复保护一方面在于修复已遭到损坏文物的本体，另一方面还需要对文物所处的储存和陈展环境进行温湿度、光、空气酸碱度等微环境的监测分析和保护，完善文物修复保护体系，使之具备完善的、科学的数据支撑，从而有力地指导文物的修复保护、人才的培养，加快加大文物修复保护工作。

环境检测分析包含温湿度监测分析、光监测分析等对可移动文物、不可移动文物所处环境的监测分析，以达到从文物环境因素对文物进行"软"保护，从而延长文物的保存、陈展时间。

8. 文物修复保护的教育与推广

结合文物修复保护所提供的系统功能，将文物修复过程呈现给普通观众，并设计几类小游戏（例如文物修复的拼图、知识问答、文物修复三维可视化编辑），对文物修复的过程进行趣味性的解读，达到教育与推广文物保护的作用。

（五）文物库房管理系统

文物库房管理系统包含文物本身及库房基础信息的管理，借助物联网技术，基于RFID库房能够精确地了解库房文物的数量、位置、状态，实现对库房文物的实时追踪管理。让库房保管员从日常繁忙的文物搬运、保养等体力工作中解放出来，更多地从事文物研究和保护方面的工作。文物库房管理系统包含以下功能模块。

1. 库房出入库管理

库房出入库管理是博物馆基础核心的工作，基于RFID技术，系统需实现对藏品出入库管理、库房环境监测、库房人员管理、库房出入库记录以及相应的查询统计报表打印的功能。

2. 移动盘核

移动盘核是指基于RFID技术的手持移动终端，通过快速、远程、非接触式扫描方式，实现文物库房内藏品信息的快速盘核与统计。

3. 流通追踪

流通追踪借助于GIS技术、GPS技术，对出库文物在运输过程中进行实时跟踪，确保文物安全。

4. 检索统计

检索统计能够根据景区、博物馆日常管理工作的需要，提供有针对性的藏品信息检索和藏品信息统计功能。

5. 系统管理

系统管理是库房藏品保护系统运行的基础保障，是系统各项参数与管理配置模块的集合。通过系统管理，可以确保系统正常稳定运行。

（六）数字资源管理系统

目前，红岩联线现有的文物资源形式不一，既有数字化资料，又有纸质文件，并且存储分散，不便于统一管理。因此，创建数字资源管理系统，对博物馆内所有的相关数字资源，比如档案资料、展陈、活动照片、媒资库中已存资料等进行统一管理，以确保数据的完整、安全、系统，便于及时调用。在设计统一的数字资源管理框架时，整合利用旧软件，使用统一的标准导出旧数据，并进行格式转换，存储至新的数据库，同时将现有的纸质资料进行数字化采集加工，从数据层面逐步整合数字资源。其功能模块主要包括数字资源录入管理、数字资源、加工管理、数据管理、资料利用管理、数字资源检索、资源统计分析等业务需求，如表4-8所示。

表4-8　红岩智慧博物馆数字资源管理系统主要功能模块

子系统	模块	建设内容
数字资源管理系统	数字资源录入管理	录入红岩联线，通过二维扫描、三维扫描、文字录入等方式采集得到数字资源。对于已有的数据资源管理软件，要使用数据集成的方式将其资源开放出来，供数字化保护资源管理软件调用
	数字资源加工管理	对数字资源加工过程和成果的管理，包括图片、视频、文档，记录数据加工日程安排，支持数字加工成果上传、编目、删改、查看、审核与下载
	数据管理	针对文物的高清扫描、360°环拍、三维模型等数据进行管理，并且包含文物的基本信息，可进行修改、删除、发布与撤销等操作
	资料利用管理	对数字资源利用流程进行管理，在使用前，需要填写使用申请，包括使用人、使用期限、使用方式、资源编号等信息，并提交审核；通过审批后，才能获取相应的资源
	数字资源检索	数字资源检索包括结构化内容检索以及非结构内容检索。结构化内容检索以关系型数据库内存放的内容为主，非结构化内容检索以网站发布的内容、文物多媒体信息资源为主
	资源统计分析	对于系统中已经录入的所有资源数据，包括文物资料数据、数字资源数据等支持多种形式的分类统计，统计结果以柱状图、曲线图和饼状图等多种形式呈现

（七）藏品管理系统

在充分考虑红岩联线藏品文物特点和管理规范的基础上，创建藏品管理系统，实现藏品征集鉴定、藏品信息登录编目、查询统计、报送审核、导出转换等全生命周期、全流程管理功能。

　　藏品登录栏目设置，严格遵照国家第一次可移动文物普查的相关标准规范及国有馆藏文物管理著录规范，支持与第一次可移动文物普查成果的快速迁移和交换。在系统安全方面，具备完善的权限控制和操作日志记录。建设的藏品综合管理系统由系统管理后台（权限管理）、藏品数据库组成，分别面向藏品管理相关工作人员（包括总账、保管、科技保护、展览、科研、教育等人员）和馆内的其他职工（以后可以根据实际情况面向馆外公众）。功能上提供藏品科学管理的征集、登编、保管等功能，包括藏品征集、藏品鉴定、编目、建档、登记、统计、分类、入库排架、保管、库房管理、修复、清点、提借、流程管理、事务跟踪提醒、辅助工具等应用功能模块，保证账目与实物的对应，实现对藏品的综合管理，如表4-9所示。

表 4-9　藏品管理系统的主要功能模块

子系统	功能模块	建设内容
藏品管理系统	工作空间	用户登录藏品管理系统后，根据权限自动匹配可以访问的任务节点，并可以显示出我的任务、消息公告以及在线人员等信息。同时具备系统登录、注销等功能
	征集鉴定	根据红岩联线征集鉴定的标准规范流程进行设计，提供了对藏品征集前了解的原始信息的录入和存储功能，并对征集鉴定过程中发生的各类专家鉴定意见进行管理，确保每一件藏品的来源可追溯
	藏品登录	藏品登录模块是藏品信息管理系统的核心模块，提供藏品信息的查询浏览、编辑检索、提交报送审核，以及导出评审鉴定表、导出分类账、导出总账、导出藏品卡片、导入导出"一普"（第一次全国可移动文物普查）数据等功能，要求单个藏品核心指标项不低于 20 项。可以实现对藏品信息进行全面管理和维护
	藏品流通管理	藏品出库：对藏品出库房的情况进行记录 藏品入库：对藏品入库房的情况进行记录 库房设置：模拟实际库房的管理方式，任意建立藏品库、藏品柜及其所属的各层藏品格 库房查询：按照库房位置查找藏品记录 库内移动：可以随时调整藏品在库房中的存放位置，并对藏品货架的位置变化情况等库房信息进行全面管理 藏品提借：对藏品的提借、归还情况进行统一管理，并可以统计指定时间范围内的藏品提借次数 藏品归还：登记归还的藏品 提借汇总：计算出在某一时间段内藏品被提借的次数 事故登记：将所有藏品的事故情况进行统一管理
	藏品注销	管理馆藏文物的注销工作，通过制作注销凭证、领导签批，做好藏品合理、规范、有序地退出藏品管理工作，但注销相应的凭证及附件信息将永久保留，作为后续藏品信息追踪的重要记录。藏品注销包括：添加注销凭证、删除注销凭证、修改注销凭证、浏览注销凭证，以及藏品注销
	账册管理	根据红岩联线藏品管理的分类代号，将藏品的总登记账扫描电子化后，压缩合并生成 PDF 文件，放入系统中进行浏览。支持账册电子影像资料或 PDF 文档的上传、在线浏览。同时，电子化的藏品数据可批量导入系统中进行管理、检索、浏览、统计、分析、输出打印
	藏品检索	结合红岩联线藏品文物特点和博物馆藏品管理工作流程，向用户提供丰富多样，且简单易用的查询手段，可进行全文检索及藏品对比
	藏品统计	根据红岩联线藏品的信息特点，以及重庆红岩革命历史博物馆藏品管理工作的需要，提供预置报表统计和自定义统计两种方式。统计结果表现方式包括统计表、饼状图、柱状图、折线图等多种方式
	影像管理	藏品影像存储与管理方面，可以支持高清、扫描、三维、视频和其他等八大类影像数据的管理工作
	系统管理	系统管理模块，一般只对系统管理员开放，管理员可对角色及用户进行管理、设置权限，同时支持日志管理、字典管理、对各个子系统的管理等功能

（八）陈展管理系统

陈展管理系统作为面向红岩联线工作人员的管理软件，一方面，对陈列展览的展品进行管理，维护的展品信息为其他系统所用；另一方面，管理临展相关的数字化资源，对以往临展资料进行追溯和查看，同时具备虚拟布展功能，采用 3D StudioMax 三维模型制作和渲染软件，创建逼真的展厅风格素材三维模型及场景灯。陈展管理系统包含以下功能模块。

1.展品信息管理

展品信息管理包括对景区基本陈列中的展品的布展位置、相关资料、展品状态进行添加、更新等操作，展品的相关位置和状态信息能够与智能导览等子系统进行实时同步更新。

2.基本陈列管理

基本陈列管理包括对展厅进本陈列的名称、地址、简介信息进行修改操作，可添加基本陈列地理位置与发布状态，同时通过微信、网站等服务端进行同步发布。

3.临展资源管理

临展资源管理是指对博物馆的临时展览，建立临展档案，记录临展的时间、名称、主要内容，上传临展所记录下的高精度照片、文字介绍以及制作的相关海报等资源，对这些资源能够按照时间、名称进行检索并展示。

4.陈列展览信息发布

博物馆工作人员可在该系统中编辑和发布陈列展览信息，该信息一旦发布，便通过消息推送模块向相关用户推送陈列展览信息。通过适配器对数据格式进行转换，还可以初步实现适屏发布，使得智能导览、触摸屏等前端设备中的信息能够同步更新。

（九）办公自动化系统

目前，办公自动化系统已经在国内绝大多数景区、博物馆广泛使用，而红岩联线信息化基础建设相对滞后，局域网才初步建成，基于内网的办公自动化系统，可以解决单位办公地点分散、办公效率相对较低的现状，达到无纸化高效办公的目的。该办公自动化系统采用可自定义流程和记录表格的形式，为红岩联线提供收发文、员工考勤、会议管理，审批流程等全局性的（涉及所有部门）行政审批、信息公告、内部沟通以及移动办公功能。总体规划上要求具备以下要求。

1.统一信息发布

红岩联线办公自动化系统需具备内部信息发布功能，实现单位根据自身需求自由定义和分类定制信息发布栏目发布信息，实时或滚动显示单位内部新闻、通知、公告、规章制度等其他需要发布的信息，同时能够提供信息发布和展示的个性化风格。

2.统一流程整合

红岩联线办公自动化系统能实现单位内各种公文和其他工作电子化流转，范围需覆盖纸质办公时期的所有工作流程类别，各种工作流程均采用电子起草、传阅、审批、会签、签发、归档、查询、撤销等电子化流转方式，并采用尊重工作人员传统办公习惯的人性化设计，顺利实现无纸化办公。

3.统一档案管理

红岩联线办公自动化系统能够实现文档的创建、归档、共享。可灵活设置管理和查阅权限，把不同功能模块中产生的文档统一管理，方便查询，提高行动决策能力、快速响应能力和工作效率。

4. 统一人员管理

红岩联线办公自动化系统能够实现以人为核心的系统架构，能够建立人员和资产、档案、岗位职责、人事信息等与之相关的所有功能模块的逻辑关系，以达到统一的人员管理的目的。

5. 统一资产管理

红岩联线办公自动化系统能够实现对所有资产的信息登记、流动跟踪、使用情况查询，在以人为核心的系统架构中，实现对与资产相关的功能模块中所发生的资产变更、转移等资产信息的统一管理。

6. 统一实时通信

统一实时通信能够提供点对点或点对多个点的信息通信的功能，包括电子邮件、即时通信、短信收发、文件传阅等，能为单位提供快捷、灵活、方便的信息传递机制，实现用户文件共享、信息的传递与积累。系统中的工作流以及待办事宜等信息能够发送到相关人员的手机上，解决外出人员的后顾之忧。

7. 集团管理模式

集团管理是为集团内各分支机构、分公司之间信息沟通 / 信息共享提供的办公 / 信息整体解决方案。它的目标是通过实现集团 / 企业数字化办公，使集团 / 企业能够及时捕捉外部信息，加强对突发事件的反应能力，加快各级机构、各分公司内部信息的流转、协调和共享，并及时对外发布，全面提高企业办公效率，体现"统一管理、分散经营"的思想。

（十）设备集中控制系统

中央控制系统技术是近几年迅速发展起来的智能设备控制高新技术，可以集音频、视频、计算机、电视会议、灯光、监控、机电环境控制等系统为一体。只需通过一块控制面板——触摸屏或键钮式面板或无线控制器，即可使庞大离散的单体控制系统尽数关联集成在掌握之中，外部环境的改善，如灯光、温度的设定，传播媒介的选择，音量的细微调节，等等，均凝聚于指尖。

线下展示设备中控管理子系统，用于对体验中心内所有展陈设备设施进行统一管理和控制，在一个终端上解决所有设备的启动、关闭、调节、控制，方便用户对设备的管理。其功能如下：

（1）基于 IOS 或 Android（安卓）平台手持终端的智能中控系统，操作简单、人性化、智能化。

（2）能够控制投影机等展示设备，进行开 / 关机、输入切换等功能。

（3）能够控制视频设备进行播放、停止、暂停等功能。

（4）能够控制设备音量，进行音量大小的调节。

（5）能够控制房间的灯光和窗帘等环境系统，完成对整个房间环境、气氛的改变，以自动适应当前的需要；环境系统控制（包括灯光系统、电源系统、窗帘等）与其他AV设备配合。

（十一）资产管理系统

创建红岩有形资产管理系统，对资产设置各类字段，改变目前联线机械化固有管理模式，并在延续现在惯用做法的前提下，做到资产流动状况清晰明了、权责明确，资产与使用人信息挂钩，实现资产的有效管理和充分利用。资产管理系统包含以下功能模块。

1. 基础资料定义

基础资料包括权限设置、资产分类、部门设置、购置方式、经费来源、使用方向、存放地点等。

2. 资产录入、标签打印与张贴

资产录入、标签打印与张贴主要包括固定资产的采购入库、领用出库、资产新增、修改、转移、借用、归还、报废、维修、计提折旧等日常管理工作。每个固定资产还可以附加一个资产照片，方便查看贵重物品的图像。其中，资产转移、资产借用、资产维修、资产报废完全实现电子化审批流程。

3. 资产日常管理

资产日常管理包括资产折旧、转移、减少、价值变更、使用年限变更、存放地点变更、状况变更等。

4. 核查和盘点

核查和盘点是指使用盘点机扫描固定资产的条码标签进行盘点，把盘点机中的数据与数据库中的数据进行核对，并对异常数据做出适当处理，如盘亏的资产报废退出等。并可按单位、部门生成盘盈、盘亏明细表，盘点汇总表。

5. 报表统计与查询

报表统计与查询支持按资产总和查询、变更记录查询（转移记录、价值变更、使用年限变更、存放地点变更、资产状况变更）、资产减少报表、资产折旧明细表、各种分析表、逾龄资产统计表、资产增长趋势图等。可以对单条或一批固定资产进行查询，查询条件包括资产卡片、保管情况、有效资产信息、部门资产统计、退出资产、转移资产、历史资产、名称规格、起始及结束日期、单位或部门。

（十二）辅助决策分析系统

采用大数据引擎，通过数据采集、转换、清洗、合并等过程，将各个应用系统中的数据通路打通，对单个博物馆乃至整个平台的藏品数据、数字资产数据、票务数据、导览数据、观众数据等进行智慧化分析，以各种分析图等方式可视化展现博物馆各类数据，为博物馆工作人员提供正常的数值参考，类似于体检检测报告，会告知正常的数值范围和检测报告之间的差异，为博物馆管理、平台运维提供辅助决策依据。

1. 办公状况统计分析

根据工作计划统计当前藏品管理相关工作的进展情况，分别统计征集工作、编目工作、陈列工作、保护工作、修复工作、编研工作等完成百分比。

2. 藏品工作统计分析

针对藏品相关各类信息的统计分析，例如通过统计征集的数量、方式、征集藏品的等级、利用方式等分析征集工作效果；通过统计藏品年代、类别、级别等数据分析馆藏文物分布等。

3. 展览活动统计分析

展示展览或者活动的信息和相关资料，通过统计展览或者活动的人数、微信转发人数、关注人数、新闻报道的数量、点击量等信息，分析展览或者活动的反响、效果等。

（十三）科技导览互动系统

红岩联线自主研发特色科技语音导览系统。采用精准位置物联网络，软硬件一体化的解决方案，利用 iBeacon 设备＋蓝牙定位技术，快速实现精准数据采集，解决各类场景的精准室内定位，实现承载 300 人同时定位应用压力，推出 2D/3D/AR 地图多样化展示形式。该程序通过关联上架小程序推送，无须扫描二维码、手机摇一摇、下载客户端等，最大限度考虑游客使用体验，并已成功申请智能语音导览识别系统、红村游安卓版智能浏览系统、红村游 IOS 智能浏览系统、红村游 Web 版智能浏览系统等计算机软件著作权。

目前，红岩联线语音导览覆盖渣滓洞、白公馆、红岩魂陈列馆、红岩革命纪念馆、红岩村、中国民主党派历史陈列馆、周公馆、桂园八大主要景点。该系统配置了中文（汉语）、英文（英语）、法文（法语）、德文（德语）、日文（日语）、韩文（韩语）六种讲解语言，将视频、音频、图像、全景漫游、景区导览、自主推送、智能讲解等主流技术整合于一体，创建了可移动的有声博物馆，在很大程度上弥补了景区讲解员不足、无法满足实际需求的现状。

（十四）票务系统

目前，红岩联线已建成网上实名制预约票务系统，并在烈士墓片区渣滓洞、白公馆和松林坡投入使用，通过票务系统预约或者取票，与客流量限定相关联，超过限定客流量后，将无法预约到相应时间段的门票。

（1）网上预约。预约功能支持观众在全媒体平台进行入馆参观预约，如门户网站、移动端、微信等；同时，网上预约满足多种参观需求，如个人观众入馆参观、团队观众入馆参观、活动预约等，如图 4-10 所示。

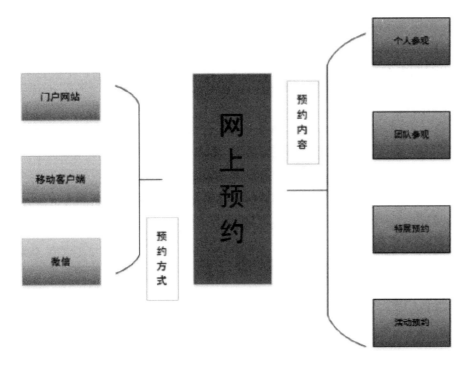

图 4-10 网上预约的方式与内容

预约方式支持门户网站、移动端、微信平台等全媒体信息平台，最大化地为观众提供方便。通过系统进行预约参数设置，包括预约人数限制、预约时间限制等。博物馆取消原有的纸质信息的确认，晋升为二维码、身份证号或者预约号的自动验证机制，极大地节约了验票时间。

（2）票务信息终端显示。

（3）票务系统后台功能。

（4）自助取票。未通过网上预约的普通观众可以通过换票机刷身份证、人脸扫描或者指纹扫描的方式进行快速取票，验票后入馆参观，票务信息实时进入管理平台。该项功能我们将在后续推出，主要考虑到没有提前预约、没有移动智能手机、未带身份证或者忘记身份证号码以及特殊人群（如儿童、外籍人士、老年人等）。

（5）验票系统。每个景区设置进出口闸机，游客可以通过二维码扫描或者身份证识别的方式通过闸机。

（十五）客流数据分析系统

该系统结合各项业务形成的数据进行有效的数据统计分析，形成饼状图、柱状图、曲线图等不同图形作为分析报表，为我馆各项工作开展、完善提供有力佐证。客流数据分析系统包括对参观观众的区域、性别、年龄、预约方式等基本信息进行统计分析。

（十六）新媒体平台系统

新媒体平台系统主要是以互联网为媒介，建立与网民、其他机构之间的信息传播和互动沟通的渠道，当前重庆红岩革命历史博物馆主要是网站和微信两种渠道，后期根据博物馆的需要建设互联网服务信息统一发布系统，包含门户网站、微博、微信、手机 app。

（十七）党性教育系统

党性教育系统主要借助于互联网和移动互联网，将自办活动与文史资源实现共享，扩大博物馆的社会教育功能。博物馆自办的专家讲座、历史剧表演等活动通过视频化共享后，观众通过下载观看，可以近距离地聆听到大师妙解，形象地获得红色文化知识；将珍藏在红岩联线的革命史的研究资料（文字、图片、视频）等放至网上共享，同样也可使观众从中洞悉到革命年代的悲欢离合、争取自由解放的艰难进程以及现在所获得的巨大成就，起到激发民众自豪感、增强发展自信心的作用。

（十八）文创产品营销系统

针对红岩联线具有代表性的藏品资源，广泛应用多种载体和表现形式，开发兼具艺术性、趣味性和实用性，满足现代生活需求的文化创意系列产品，打造文化创意品牌。文创产品营销系统包含以下功能模块。

1.基本资料管理

基本资料管理用于管理文创设计产品的基本信息，提供基本资料的增加、删除、修改与维护。基本信息包括文创产品名称、类型、产品描述、用途、产品设计单位。

2.设计文档管理

过程文档是设计阶段的第一手资料，本功能将对设计过程中的所有文档进行统一的录入与管理维护，在对文档进行管理时需要明确文档历史版本号。

3.多媒体资料管理

除了上述文创产品的设计文档以外，在设计过程中还有大量的演示草稿图或示意图片，系统将提供这些设计图像、图纸资料进行统一的录入与管理。

4.文创产品信息管理

文创产品信息管理要求系统提供操作入口，分别对应产品信息录入、产品信息修改、产品信息删除、产品信息查询、产品信息审批。

5.文创产品查询检索

根据实际使用的需求，系统的产品查询检索模块用于对所有文创商品的相关信息进行查询检索。基于文创产品的数据项，实现多种查询方式。在信息查询方面，抓取各类数据资源，并以图形可视化的形式加以呈现。其中，系统提供了四个用户操作入口，分别是快速查询、目录树查询、高级查询、自定义查询。对于每个操作入口，都提供了相应的用户操作界面、操作逻辑功能以及相应的数据库操作功能单元等。

6. 文创产品数据分析

文创产品数据分析分两种用户操作，分别是销售数据分析、客户数据分析。销售数据分析基于产品的销售信息，是一种直接的统计分析手段，能够找出本阶段畅销或滞销的产品，用以挖掘产品热销的原因，总结市场趋势走向，得到客户可能潜在的感兴趣的商品是什么。客户数据分析则是一种间接的数据统计方法，根据客户购买情况，对用户信息进行挖掘，建立产品与用户的关联模型，如可以得到不同年龄层客户的购买产品分类和购买力情况，帮助文创产品工作人员有针对性地推出面向不同年龄层的文化商品。

7. 产品销售统计分析

基于产品销售信息，按照月、季度找出滞销商品或畅销商品，并按照产品的种类和特点，通过目录树提供基于产品销售统计结果的统计表、饼状图、柱状图、折线图等多种表现形式。

8. 消费趋势综合分析

准确地找出消费者的消费特征，让博物馆管理者了解创造什么样的产品才能引起消费者的兴趣，找到消费趋势，量身定做符合重庆红岩革命历史博物馆文化内涵的创意产品。

9. 热门产品手机推送

在苹果商城或安卓商城中下载红岩联线App应用软件，或者通过微信公众号添加关注，定期推送优秀的文创产品短消息，用户即可实时获取当前热销的产品，只需点击操作按钮，便可轻松完成线上购买与支付，享受到货到付款、上门服务的便捷体验，如图4-11所示。

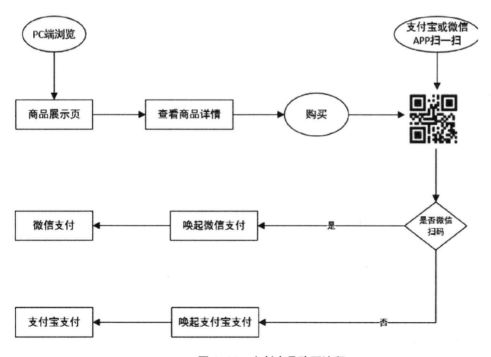

图 4-11　文创产品购买流程

10. 文创产品 DIY（自己动手做）

提供用户 DIY 设计模块，例如提供自己设计签名、logo（徽标）或图片的信息数据录入口，将生成的 DIY 数据打印在重庆红岩革命历史博物馆的电商产品上，或进行定制化的苏绣设计。提供用户（包括企业用户和个人用户）参与文创产品研发的环节，用户的创意经过文创部门审核采纳后，可以直接用于生产销售。

五、预期效果

红岩革命历史博物馆智慧化建设将发挥博物馆数字化优势，为受众提供更好的数字化服务，实现看得见、管得了、出效益的最终目标。

（一）精准数据，直观管理

博物馆管理者借助信息化数据，能够更为准确和直观地掌握馆内红色文物以及地方红色文化遗址的情况，更好地管理红色文物，保护红色文化，进而达到良好的管理保护效果，提高管理效率。

（二）创新展示，智慧服务

通过新颖的展示与互动手段，将文物背后的历史故事、恢宏的历史场景，城市历史变迁，地方文化的丰富内涵立体化展示出来，观众借助数字化展示，能够更全面、更深入地了解中国老一辈无产阶级革命家、共产党人和革命志士的崇高思想境界、坚定理想信念、巨大人格力量和浩然革命正气，体会红色文化的精神所在，进而对中国优秀的传统文化有更深层次的理解和感悟，达到增强民族自信心和自豪感的社会效益。智慧化的服务系统让游览博物馆的方式更加多样化和便捷化，有效地提升博物馆服务效能，满足公共文化需求。

（三）数据集中，信息共享

基于一定的数据分类规范，打造统一的智慧博物馆的数据中心，实现博物馆数字化资源、馆藏文物资源集中存储和统一管理，破除信息孤岛，确保共享，进而与智慧城市、智慧文化建设形成有效衔接，提供文博信息支撑。受众借助数字化保护系统，能够便捷高效、清晰地掌握红色文物资源的保管、储存情况，从而实现红色文化资源的信息共享以及扁平化管理，达到管理的高效和资源利用效率的最大化。

第五章 智慧博物馆建设优化策略

第一节 实施智慧博物馆需要注意的问题

一、做好博物馆基础性数据工作

博物馆的基础是藏品，智慧博物馆也不例外。要做好藏品编目卡、藏品数字化等基础性数据工作。只有具备翔实、全面的信息，才能做好以藏品为基础的研究、传播、展示等工作，才能实现知识挖掘、知识推送等智能性功能。同时，还要尽可能地利用各种技术和方法，对观众参观实体馆和虚拟馆的信息进行收集，形成数据仓库，从而对观众进行行为分析，了解观众需求，拉近观众距离。

二、充分调研和设计智慧博物馆的云计算平台

云计算平台是智慧博物馆的技术核心，关系到整个智慧博物馆的智慧化程度。因此，要清晰智慧博物馆的实施目标，明确需实现的功能，充分对云计算平台进行调研和设计，使其从各子系统中有效获取信息，同时使信息流顺畅、精简。只有这样，才能让智慧博物馆高效、准确地提供服务。

三、不断调整和完善云计算平台及各子系统的功能

云平台的设计和开发并不是一成不变的。由于智慧博物馆各子系统通过运行相互影响、相互优化，因此，作为其核心的云平台，也要根据实践和从各子系统收集、反馈的信息来不断调整、完善系统。

第二节 智慧博物馆建设的方法与路径

数据是智慧博物馆的核心和关键，建设智慧博物馆必须要紧紧围绕数据展开，包括数据的生成、加工、运用甚至数据共享等环节。抓住了数据，就是抓住了智慧博物馆建设的

"牛鼻子"和灵魂，以数据来推进技术运用，促进职能调整，带动功能提升，这是智慧博物馆建设发展的基本路径和有效方法。

一、数据生成——智慧博物馆建设的基础

数据生成的过程也是获得数据的过程。数据生成的全面性，直接决定了数据资源的应用前景。文物藏品、管理人员和社会公众是博物馆整体运作的三大要素，数据生成是对这三类要素采集工作的过程，生成的数据分别为藏品数据、管理数据和观众数据。

藏品数据可分为文物藏品的状态数据和背景数据两个类别。状态数据是文物藏品大小、重量、形态、材质、色泽、装饰等反映实物属性的数据，可以通过测量数据和采集所获得的图片、视频、三维模型进行呈现。更为重要的是，对文物藏品蕴含的历史信息或知识链接的背景数据进行采集，如制造工艺、功能用途等，需要通过查阅资料、总结记录等手段进行数据生成。

管理数据是博物馆文物藏品管理行为的数字记录，根据文物藏品的管理流程，又可细化分为存藏管理数据、登记管理数据、使用管理数据。现在有的博物馆已创建藏品管理系统，在系统功能完备的情况下，以上管理数据都能够在系统平台上生成调用。

观众数据是智慧博物馆建设必不可少的基础性工作。除了对观众的性别、年龄、学历等个人信息进行采集以外，更要把数据采集的重点放在观众到博物馆后的行为状态和评价内容上，这也是智慧博物馆向观众提供定制式、个性化服务举措的前提条件。观众的行为数据不可能通过对每位观众进行访问产生，这就为新技术的运用打开了空间。如通过蓝牙定位技术，可以感知观众的位置，计算出观众在各个展位的停留时间；通过无线交互技术，可以获取观众使用数字推送资源的数量和频次；通过人机交互的方式，可以了解观众对博物馆资源产品的评价。尽管观众行为数据获取目前还很难做到高度智能化，但随着信息技术的不断发展，这类数据将会逐渐完备。

二、数据加工——智慧博物馆建设的关键

数据生成为数据资源的运用提供了基础，但这些数据本身并不具备直接使用的条件，需要对生成的数据进行加工才能满足各种运用要求。数据类型不同，运用方式和运用对象不同，数据的加工方式也不尽相同。一般情况下，智慧博物馆基础数据资源有数据整合和数据分析两种加工方式。

数据整合主要针对的是文物藏品数据。文物藏品采集形成的状态数据和背景数据由于没有足够的关联性，因而不能进行完整的信息表达，直接运用的价值较低。只有将两者有机整合、相互串接形成数据集群，才具有文物藏品信息内涵的系统性和完整性，才能够满足面向公众展示的数据运用需求。数据整合不是数据堆砌的过程，而是博物馆根据一定的展览主题和表现形式要求，有针对性地选择数据，采用最合适的技术手段进行加工。数据

整合的质量取决于加工策划水平的高低，对策划者的综合素质要求较高。也正因如此，数据整合一直是博物馆文物藏品数据加工的瓶颈，需要在智慧博物馆建设的过程中重点突破。

对于管理数据、观众数据来说，每一个数据都只代表一个管理行为的结果，或者一个观众的状态，单独研究的意义不大。智慧博物馆关注的是某一时间段内，各种管理活动产生的最终结果以及大批量不同类型的观众表现出的整体参观倾向，需要对大批量的数据进行研究并从中发现隐藏的规律。以大量数据为基础，进行统计分析，从而得到结论，这种数据加工方式就是数据分析。

需要指出的是，数据整合和数据分析并不是两个完全割裂的数据加工方式，两者之间存在互为因果的动态循环关系。以观众数据分析为例，发现观众有一定的观展倾向后，就需要对数据整合的内容和方式进行调整，以更好地满足观众的需求。观众面对调整后的产品资源，可能会表现出与之前不同的参观行为，从而需要对观众数据重新进行分析，以得到新的结论。如此周而复始，使得智慧博物馆的数据资源始终处于动态更新之中。

三、数据运用——智慧博物馆建设的目标

生成数据并对数据进行加工，都是为数据运用服务的。智慧服务、智慧保护和智慧管理是智慧博物馆建设的目标指向，数据的运用也将围绕智慧服务、智慧保护和智慧管理分别展开。

在智慧服务上，当观众在博物馆参观时，数据资源的运用主要是为观众提供高品质的信息内容、沉浸式的声光效果、高智能的观众交互体验和细致入微的参观服务举措。前三项与展览信息表达相关，其中，高品质的信息内容是数据服务的重中之重；适当的声光效果与交互体验能够提高观众对信息内容的接受度，但不可喧宾夺主、本末倒置。为观众提供各种细致贴心的参观服务是数据运用的一个新领域，需要注意数据信息的传达方式，避免过分干扰观众，削弱观众对展览内容的关注度。此外，随着智能手机的普及以及性能的提升，针对手机等移动端的数据推送服务正在引领博物馆数据运用的潮流。手机数据推送运用不仅大大节省了陈列空间，方便了资源快速更新，更重要的是，通过数据推送的交互过程，能够有效获取观众的重要参观行为数据，为智慧服务水平的提升奠定基础。

当观众不在博物馆参观时，数据运用仍然能够发挥作用，主要体现在展览内容和交互体验上。这种情况下，数据运用的内容和方式应与观众在馆状态有所区别，尽量避免内容与形式的重复，同时提高数据的更新率，增强交互的体验性，尽可能保持观众对数据内容的新鲜感。

在智慧保护上，数据的运用主要基于智能感知技术和无损检测技术，来获取文物藏品在不同时间段的状态数据，经过数据分析加工，对文物藏品的保存现状做出评估，从而决定是否对文物藏品的保护措施进行调整。这种"监测——评估——提前采取措施"的数据应用模式，正是智慧博物馆藏品智慧保护的基本要求。

在智慧管理上，将数据运用引入博物馆的日常管理，工作过程以数据交换的形式进行，工作结果以数据的方式呈现。这种实时化、数据化的工作模式，推动了过程与结果的无缝对接，使得博物馆日常管理中每一项工作环节都有清晰的数据记录，有利于及时发现问题并避免工作上的疏失，促进管理工作的科学、规范、高效。

四、数据共享——智慧博物馆建设的愿景

开放、平等、协作、共享是互联网精神的实质。在当今以互联网为基础的信息时代，开放共享是公共资源拥有者和管理者努力实践的目标。博物馆数据的共享，在向更多的公众提供公共资源的同时，也将极大地提升博物馆的影响力和宣传教育的广度。业界分享与跨界共享应该是博物馆数据共享的美好前景。

根据统计数据，目前我国已建有4600多座不同类型的博物馆，馆藏文物4000多万件（套），由于诸多因素制约，社会公众很难在有限的时空范围内欣赏到更多的文物藏品。就单个博物馆而言，展出的文物永远只是少数，绝大多数文物深藏库房，不仅观众无法看到，专业人员也很难接触和研究。除此之外，有着同一来源的文物藏品，因为各种原因会分别收藏于不同的博物馆中，藏品的分散收藏状况也会给博物馆的陈列与研究带来困难。以上这些问题，可以通过数据资源分享的方式解决。一方面，有一定内容关联性的博物馆可以通过数据分享构建博物馆集群，为公众提供更加丰富、更加全面的资源服务和欣赏视角；另一方面，博物馆间的数据分享，也能使博物馆管理者和研究者充分了解馆外资源的情况，为常规陈列、临时展览和文物对象的研究提供方便。

跨界共享指的是博物馆的数据资源突破博物馆业界范围，在更为广阔的领域内，与其他类型的数据资源实现整合融合、交叉运用。近两年，智慧社区、智慧城市、智慧旅游等以数据为基础的智能生产生活方式的出现，也为智慧博物馆在更大平台上发挥作用创造了条件，当然，这需要社会各个层面包括政府的引导介入。尽管目前博物馆数据资源跨界共享还没有太多成熟的案例，但跨界共享一定是今后博物馆数据资源运用的努力方向。

第三节　智慧博物馆建设应当避免的几个误区

智慧博物馆的概念于2014年下半年起逐渐为业内外所接受，当年年底，国家文物局启动了智慧博物馆的试点建设，整体上来看，目前对智慧博物馆的研究与实践尚处于起步摸索阶段。尽管智慧博物馆有别于传统实体博物馆和数字博物馆，但从博物馆多年的发展情况来看，建设智慧博物馆应当尽力避免走入五个方面的误区。

一、防止载体离心化

智慧博物馆是传统实体博物馆发展到一定阶段产生的一种新的博物馆高级形态，是传统实体博物馆的升级优化。随着新技术的广泛运用，智慧博物馆相较于传统实体博物馆将承担更多的职能，提供更优的服务。智慧博物馆不是对传统实体博物馆的背离，如果智慧博物馆的建设脱离传统实体博物馆，则缺乏应有的文物藏品支撑；如果智慧博物馆的建设偏离传统实体博物馆的核心职能，则会降低博物馆的社会效益。因此，智慧博物馆的建设应当立足于现有实体博物馆，而不是另起炉灶、自成一体。

二、防止技术泛滥化

随着现代社会公众文化需求的多样性和多元化，新技术的运用是博物馆发展的必然选择，有利于立体、丰满、生动地展示文物藏品，有利于增强博物馆的可读性、可视性、可参与性。但也要看到，新技术是一把双刃剑，过多的技术堆砌不仅会增加博物馆的运营成本，更重要的是会弱化社会公众对文物藏品本身的关注程度，干扰观众对博物馆的主要职能和特色的理解。博物馆需要新技术，但不应是新技术的"秀场"，其建设重点应该是新技术如何完美地融入博物馆的核心生产链。智慧博物馆的建设不应被"五光十色、日新月异"的新技术主导，而应该坚守核心业务需求导向，新技术的应用和选择要服务于需求的发展思路。

三、防止内容娱乐化

博物馆作为收藏、保护、研究、展示历史文化遗产的非营利性公共文化机构，社会教育是其最为主要的功能，承担着引导社会公众认知历史、提升素质、弘扬道德、陶冶情操、增强文化自信的社会责任。本质上，社会教育功能发挥得好坏与否，首先取决于博物馆对文物藏品信息全面准确地掌握了解，其次取决于博物馆对传播媒介的恰当选择与有效利用，这就决定了智慧博物馆的建设应当坚持以内容为主，在科学、精准地解读文物藏品信息的基础上，通过现代科技手段进行、适度的展示、宣传、普及。换言之，智慧博物馆的建设需要始终秉持社会责任意识，努力保持科普性与亲和性的有机统一，做到古今融通、雅俗共赏。

四、防止数据固态化

数据是智慧博物馆运作发展的"发动机"，它的生命力在于更新与运用。数据是动态调整的增量和智慧博物馆的生产资料，一旦处于静止固化状态，智慧博物馆也就失去了"智慧"的意义。数据静止固化的状态有三个具象表现：其一，博物馆资源要素信息未能及时更新或长期得不到更新，产生数据停滞；其二，数据生成的方式失去创新，未能根据博物馆组成要素内、外因素的变化适时调整数据产生方式，仍然按照固有模式生成数据，导致数据失真；其三，数据运用游离于博物馆文化产品生产链条之外，无法对文化产品供给提供有力支撑，出现数据失灵。因此，防止数据固态化是智慧博物馆建设的重中之重，必须充分利用新技术下的大数据资源，不断地更新、吸收博物馆资源要素数据和社会对博物馆的反响数据，才能有效提高智慧博物馆的管理服务质量。

五、防止建设盲目化

智慧博物馆的建设起步晚、标准高、投入大、周期长，是一项复杂的系统工程，难以在短时间内一蹴而就、立竿见影；即使建成使用，后期仍然存在维护更新、改造升级的过程。对智慧博物馆的建设不能存有任何盲目的功利主义，尤其是对新技术，必须按照"学习—借鉴—吸收—利用"的逻辑关系有选择地加以运用。建设智慧博物馆必须强化规划控制、成本控制和风险控制，在不脱离社会需求实际、不脱离博物馆发展实际、不脱离新技术成熟运用实际的基础上，规划先行、分步实施。

总而言之，智慧博物馆的建设在着力避免走进以上五个误区的同时，应妥善处理好实体与虚拟、核心与边界、内容与形式、静态与动态、短期与长期的辩证关系，既不能贪大求全、急功近利，又不可畏难躲避、裹足不前，要以科学稳妥的方式逐步推进。

第六章 博物馆文化创意产品的发展思路

第一节 博物馆文化创意产品与产业概述

早期的博物馆是以收藏为主要功能的机构。随着社会的发展，博物馆逐步成为当地的文化符号和地标性景观，是现代社会重要的文化空间。博物馆在持续发展中面临着运营、维护与管理上资金不足的压力和问题，因此，博物馆需要创新经营手段。博物馆文化创意产业作为一种具备传播属性的特殊商品，可以发挥延伸博物馆的保护、教育、传播等社会服务功能，其收入可以为博物馆可持续发展提供有力的经济保障。我国博物馆文创的开发起步较晚，仍处于初级阶段，因此，本节对博物馆文创的缘起和发展、相关概念、开发模式等进行总结，并对现存问题予以一定的分析。

一、博物馆文化创意产业

伴随产业融合模式的兴起和发展，博物馆与文化创意产业的融合成为一个不可阻挡的趋势，文化创意产品的开发和市场化运作成为博物馆未来跨越式发展的契机。文化创意产品以其自身的独特性、不易模仿性等特性，为博物馆行业注入了新的经济活力，也是博物馆文化传播的新手段。其销售收入是博物馆收入的重要构成，对博物馆馆藏品的展示、保护、教育功能以及博物馆永续经营的实现起到重要的物质保障作用。

（一）缘起与发展

20 世纪是博物馆成长的世纪，在"新博物馆学运动"兴起的大背景下，欧美博物馆开启了一场变革，展览理念从排他、冷漠地以"物"为中心向普及追求、寻求民主的以"人"为中心发展。从参观者角度出发，应塑造一个用"人"替代"文物"为中心的展览环境，注重参观者的感受，在博物馆传统的展示、收藏及教育功能之上，延伸出休闲娱乐的新功能，提供更多互动的、感官上的观者体验，提升博物馆对社会和人类生活的影响力，发挥社会功能及实现文化传播的作用。

文化创意产业对经济的发展起到了明显的推动作用，世界各国政府先后出台和实施了一系列促进政策和发展的战略，推动相关文创产业的良好发展，文创产业的发展对博物馆文化创意产业的发展起到了进一步的推动作用。借鉴国外博物馆文化创意产品开发的成功经验，我国也陆续出台政策将博物馆纳入文化产业，鼓励博物馆发展相关文化产业，多渠道筹措资金，促进自身发展。以文化和创意为核心的博物馆文化创意产业，在知识产权保护的基础上，创造了相当惊人的财富和就业机会。因此，世界各个国家、地区以积极的态度，争相发掘其博物馆自身独特的资源，力求创造更多的经济效益，博物馆文化创意产品的开发愈加受到世界各国博物馆界的重视。

（二）相关概念

衍生品意为从原生事物中派生出来的物品，最初指的是金融衍生品和化学衍生品。文创衍生品，是指基于具有文化鉴赏价值的资源，通过物化手段来表达特定文化内涵而传递原生信息、知识及审美价值的产品。文物原型是衍生品设计之本，是创造力，是衍生品创新的保证；文物原型的特质则是构成衍生品特色的灵魂。"IP（知识产权）衍生型"的文化创意产品则是以文创内容为核心的衍生品，是对本身负载"文化"的艺术作品进行"创意衍生"后产生的产品，因此是具有艺术性和附加值的特殊商品。

文化创意这一概念最早兴起于英国，指创意、文化、知识的结合，认为创意是与原本社会、文化和习惯的既有形态——传统相对的，创意也就是探讨如何从传统上寻找新的出路，实现对传统的再诠释、精致化与创新。文化创意产品是将文化进行创意加工的商品，是通过对藏品的文化内涵、符号特征以及美学意义的整合提取，并结合创意思维与设计方法，形成的既具有藏品的内涵、元素，又满足大众的审美需求、求异心理，同时又可使文化教育功能得到很好推广的新型衍生产品，使文化、艺术和商业完美结合。博物馆文化创意产品还是博物馆的重要组成部分，被赋予了不同的艺术品位和馆藏特色，承载着与博物馆主题相关的历史、文化和艺术信息，是既有经济属性，又有文化属性和教育属性的特殊商品。

二、博物馆文创的研发模式

当前博物馆文化创意产品研发模式大体可归纳为以下四种：

（一）自行开发

博物馆自负盈亏，即博物馆内部人员主导衍生品的设计研发，并承担所有的开发费用与销售风险。

（二）代销或与厂商合作开发

代销是由馆外厂商自行提出文化创意产品的完整构想，送交博物馆审核，为博物馆所接受和认可的产品可由厂商出资开发制作；与厂商合作开发是指厂商与博物馆共同完成文化创意产品的设计构思，厂商出资开发制作，博物馆与之签订合同约定权利义务，然后进行销售，可以大幅降低博物馆支付的经费以及销售风险。

（三）市场公开采购

博物馆根据其目标，选购商业市场中已有的文化创意产品，多为针对短期展览类的纪念商品，但短期展览通常时间只有几个月，时效性短暂。

（四）艺术授权

主要以博物馆丰富独特的艺术藏品为基础，博物馆将其藏品形象授权给厂商使用，允许其所销售的产品或包装上印有博物馆馆名或馆藏艺术品的图案等。

三、博物馆文创产品的类型

博物馆文创产品的种类非常繁多，各个博物馆对于其文创的分类也有所不同。例如，北京故宫在"故宫淘宝"的网上商店上将其开发的文化创意产品分为故宫娃娃、文房书籍、生活潮品、宫廷饰品、大婚吉品和故宫文化衫六种类型；而上海博物馆则依据材质进行分类，将文化创意产品分为青铜器类、玻璃制品类、瓷器类、书画类和玉器类等十六大类。

本节则从产品的使用功能出发，将博物馆文创分为以下几类：

（一）出版物

在整理和编辑博物馆相关的信息、藏品以及研究成果后，出版的具有教育意义、研究价值和宣传展示功能的书籍、影像制品和图册等，主要包括纸质类印刷品和电子出版品两大类。

1. 纸质类印刷品

主要包括导览手册、图书、期刊和明信片等，有的博物馆也开发了如日历、便签条、笔记本、邮票等纸质类印刷品。

2. 电子出版品

主要包含影片、光盘和电子图片等，是以视觉阅读体验为导向，突破以往传统的阅读方式的载体，是博物馆收藏展品研究、宣传推广、展示教育的新途径和方法。

（二）文物复制品

以博物馆具有特殊含义或造型突出的藏品作为复制品的开发，满足大众对藏品的喜爱和收藏兴趣，是展现博物馆特色藏品和传播、教育功能的重要途径，一般分为精致型和普及型两种复制品。

1. 精致型复制品

开发数量较少，品质精致，价格高昂，通过对馆藏文物如陶瓷器、书画、青铜器等文物的直接复制或仿制，与文物原件仅存在尺寸比例、材料运用上有所差异，为"再现"博物馆文化资源对馆藏品的高仿复制，面向为少数文物收藏兴趣者。

2.普及型复制品

开发数量较多，方便易携带，价格低廉，与文物原件具有尺寸比例上或材质的差异，或将文物的图像直接印刷复制在市面上常见的礼品上，兼具欣赏、摆设等用途，是最具特色和活化馆藏品功能的面向大众的文化产品。

（三）艺术纪念品

对博物馆代表性的文化资源的直接复制或元素的提取，相对小巧、轻便和包装精致的设计，以创意性、生活实用性为目标，开发的具纪念性且容易携带的具有高度创意的产品，如文具、名片夹等，通常是馆藏品艺术价值向大众呈现的简要纪念形式，是博物馆形象宣传的有效途径之一。

（四）体验型产品

以馆藏资源为立足点，通过开展实地体验及运用新媒体技术等手段，将体验要素依附于博物馆文化创意产品和相关服务之中，让消费者在馆内消费的过程成为产品的一部分。通过短暂或重复的互动过程连接个人感官和物质产品，为大众带去满足需求的感受和体验，强化对博物馆文化的认知和印象，如南京博物馆开设了陶艺制作馆。

四、我国博物馆文创产业问题

国内博物馆大多已经认识到开发文化创意产品是扩展博物馆资源、提高博物馆文化影响力、拓展博物馆品牌、创造销售收入的重要因素，在文创产业的发展上进行了一些尝试，并取得了一定的经济效益和社会效益。但整体而言，当前我国博物馆文化创意产品的现状仍处于起步阶段，文化创意产品的开发、经营仍处于借鉴和模仿阶段，产业规模偏小，文化影响力不大，在文化产业和大众消费体系中缺乏竞争力。大多数资源丰厚博物馆的文化创意产品研发之路仍蹒跚而行，偏远地区的博物馆文化创意产品依旧停留在简单的创意设计阶段。此外，绝大多数的博物馆文化创意产品没有根据市场需求、消费特点，对博物馆文物和文化进行深入的发掘研究，仅仅在区别博物馆标识、颜色、材质、功能和形状等方面采用"拿来主义"，产品种类较少且缺少创意和深层次内涵，甚至在产品设计和制作方面存在粗糙现象，有损博物馆高雅、精致、有内涵的文化形象。

我国博物馆的文创产业尚未完全市场化，仍存在深层次的体制与机制问题。自博物馆免费开放以来，其运营资金完全来源于国家或地方的财政拨款，且规定全部拨款要专款专用，拨付的资金多投入于基础建设、文物保管、陈列展览等方面，文创产业发展方面缺失。同时，当前国内绝大多数博物馆的选人和用人机制是基于博物馆传统的保管、陈列等职能展开，导致缺乏具有丰富专业知识、敏锐市场意识、懂得市场经营的复合型人才，是发展博物馆文创产业所面临的人力资源方面的短板。

总体而言，文化创意产品同质化现象严重，缺乏创意和多层次的博物馆文化创意产品。

此外，大部分国内博物馆尚未走出传统机制的保守模式，文化创意产品的研发管理与激励机制滞后，缺乏足够的资金投入和扶持政策，研发和经营整体水平还不高。因此，我国博物馆文化创意产品的研发仍有较大的发展空间。

五、博物馆文化创意产品发展的现状

文博行业的相关规章制度对博物馆文化创意产品开发、发展文创产业等提出了全新的发展要求，并为博物馆带来了良好的契机，这已经得到博物馆工作人员的高度重视与关注。在新形势下，博物馆要想更好地顺应时代发展趋势，就必须发展文化创意产品，加强文化创意产品的开发，不断创新、与时俱进，维护无形资产和知识产权，为博物馆文创产业开拓更为广阔的发展空间。

（一）博物馆文化创意产品的重要性分析

1.有利于博物馆文化生产力水平的稳步提升

在我国文化创意产业发展中，文化生产力发挥着极大的作用。对文化创意产业来说，其主要特征就在于将文化资源过渡或转化为文化创意产品或服务，其核心就在于将文化资源通过产业化的中间环节，形成文化特征显著的创意产品或服务，将文化生产力的作用充分展现出来。博物馆作为传统文化的保存与展示地点，其文化资源是非常丰富多样的，发展文化创意产业，打造专属博物馆特有的文化创意产品和服务，是提高文化生产力水平的重要途径之一。

2.有利于促进经济效益和社会效益的双重提升

要想提高博物馆的社会效益，必须积极开展文化产品开发的宣传工作，通过配合展览衍生出的文化产品，可以吸引观众的注意力，给观众留下深刻的参观印象。而且博物馆文化创意产品是博物馆重要的宣传方式之一，将文物的文化元素与现代创意相结合开发设计的产品，可以更好地进行文化传播，展现出博物馆的社会服务功能。

（二）博物馆文化创意产品和产业发展的现状分析

1.资金扶持力度严重不足

博物馆作为公益性事业单位，政府财政拨款为主要的资金来源。一般来说，政府维护博物馆的正常运转，并提供基本的文物保护研究费用。而博物馆在文化创意产品开发中，需要大量的资金，并且在资金需求的申请中，申请流程是非常复杂、烦琐的，严重阻碍着资金的有效落实，出现了严重的滞后现象，造成了博物馆文化创意产品开发资金的严重缺失，不利于博物馆文化创意产品的发展。

2.缺失创意，出现了产品同质化现象

对某些博物馆很难吸引投资的问题，其中一部分原因是文创产品类型单一、片面，缺失创意，其特征主要表现为对馆藏文物照搬照抄；将文物素材不加改动就复制到各种产品

上；产品设计仍然停留在最初的设计阶段，缺失多样化的表现形式，与产品多样化的需求有较大的差距，难以激发消费者的消费欲望。

此外，还出现了产品同质化现象，相似产品在市面上频繁出现，严重制约博物馆文化创意产品行业的发展，不利于开创博物馆文创市场。

3. 缺少市场调研工作

在博物馆文化创意产品的开发和设计中，切忌照搬照抄，要结合继承和发展的视角，深入挖掘文物，并加以有效利用，还要顺应群众的审美需求，这对文化产品的开发具有重大的影响。但是实际上，在多种因素的影响下，一些博物馆的文创产品积压现象非常严重。造成这种现象的原因，主要是前期市场调研工作没有落实到位，没有充分了解消费者的消费心理和需求，在一定程度上与公众的心理诉求不适应。

（三）博物馆文化创意产品和产业发展的对策

1. 构建全新的文创产业发展的政策环境

博物馆相关规章制度要求充分挖掘藏品内涵，并注重文化创意和旅游等产业的整合，开发衍生产品，壮大博物馆的发展潜力。在文化产业发展中，构建完善的政策机制是至关重要的，可以确保博物馆文化创意产品和产业发展有法可依、有理可据。同时，在博物馆税收和捐赠方面，政府要给予一定的优惠扶持，适度增加财政拨款，并赋予博物馆充足的自主权力，尤其在人事、财务以及经营政策等方面，为博物馆文化创意产品和产业发展提供良好的政策环境。

2. 加强产品创新，开辟多元化传播途径

在博物馆文化创意产品的开发中，必须要积极融入创新因素，博物馆要善于征求广大人民群众的意见和想法，积极采纳有创意的想法。所以博物馆要积极举办文创大赛，将极具创意且可行的想法投入开发生产之中，更好地满足消费者的消费需求。

与此同时，博物馆还要改变以往单一的传播途径，要与企业、社会机构等保持密切的交流与沟通，将产品推广出去，扩大销售范围。根据相关市场调查研究发现，诸多企业机构热衷于购买商务礼品，设计师可以结合这一发展现状，融入企业个性化定制元素，赢取企业机构的满意度。而且还要将文化 IP 的发展潜力充分发挥出来，博物馆文化创意产品则可以通过品牌授权来获取经济效益。

3. 积极开展市场调研工作，打造线上商店

在博物馆文化创意产品开发过程中，要积极开展前期市场调研工作，对公众消费需求和心理进行全面了解，树立清晰明确的定位，密切关注市场发展趋势，确保文化创意产品的开发满足消费者的需求。良好的文化创意产品不仅要极具创意，还要注重提高产品的实用性能，赢得消费者的高满意度。所以，要想满足不同目标人群的需求，就要确保产品的美观性与实用性，对产品质量进行严格控制，注重开发生产中的诸多细节。

同时，要善于利用"互联网＋"信息技术，积极开发互联网营销渠道，以弥补实体渠道中存在的一些缺陷，充分发挥互联网用户黏性比较高的优势。现阶段，北京故宫、上海以及苏州等地的博物馆来已经成立属于自己的天猫旗舰店。比如，北京故宫博物院文创旗舰店，该商城在成立短短的一年内便成功"吸粉"将近 25 万，为故宫带来了前所未有的利润增值。

线上商店在获取盈利的同时，也为信息收集提供了极大的便利。博物馆文创部门可以通过线上商店来对用户的消费心理、意见等信息进行收集，进一步明确文化创意产品的发展方向，促进文化创意产品的快速转型与升级。

4. 打造独特的博物馆文化创意产品的品牌形象

品牌作为无形资产，具有较高的经济价值，展现了人们对产品的认知程度。基于此，博物馆要构建出独一无二的品牌标识，灵活运用在文化创意产品之中，既可激发观众的购买欲望，又能发挥一定的宣传作用。

以美国大都会博物馆为例，该馆商店的购物袋以大都会博物馆英文字母"M"为主，印刷有文艺复兴时期不同的字体，伴随纪念品的销售，这种品牌标识已经得到了社会大众的关注，并将其视为大都会博物馆的重要代名词。还需要注意的一点是，在品牌创建的同时，品牌维护的作用也不可小觑，要树立明确的品牌观念，注重品牌的知识产权保护。

加强博物馆文化创意产品的开发是博物馆文化产业发展的重中之重，要积极融入创新元素，创造出特有的文化创意产品的品牌形象，加深人们的记忆，从而为博物馆文化创意产品和产业的发展带来全新的发展动力。

六、博物馆文化创意产品生活化

今天博物馆文化创意产品开发已成为博物馆文化产业的一项重要内容，生活化的文化创意产品因自身低价实用、富有艺术美感的特性而广受好评，在文化创意产品市场占比越来越高，已成为文化创意产品主流。文化创意产品生活化既能满足广大消费群体艺术消费需求，又巧妙地将传统历史文化融入现代生活，有利于我国博物馆文创产业的良性发展和博物馆文化的传播。

（一）博物馆文化创意产品生活化原因分析

在博物馆教育作用逐渐成为大众关注热点的今天，作为珍藏中华民族宝贵历史文化遗产的博物馆，如何通过诠释、传播文物包含的文化内涵，完成博物馆传承民族文化的教育使命，成为社会广泛讨论的话题。博物馆文化创意产品正是在这一社会背景下应运而生的。

博物馆传播博物馆文化、履行教育功能的主要途径是展厅实体展陈，但随着社会发展，单一的展陈已不能满足广大人民对文化生活的需求。单霁翔提出："当今信息社会，传播决定影响。谁的传播能力强大，谁的文化理念和价值观念就能广为流传。因此，必须花大力气拓展博物馆文化传播渠道，丰富传播手段，构建覆盖面更加广泛的博物馆文化传播体系。"文化创意产品作为博物馆馆藏文物"活起来"的产物，已成为传播历史文化的载体之一。

如果人们的物质需求得到较大满足，手头有更多的闲置资金，那他们就会对所期望之事重做安排，并在有关心灵成长上的支出更多。随着民众素质和消费需求的提高，现有消费观念更趋时尚、个性，文化创意产品因自身独特历史文化特色，受到社会广泛关注。在信息高度发达的今天，如何通过文化创意产品将传统历史文化更好地融入现代生活，使人们主动接受传统历史文化，改变以往被动传输的局面，以达到社会效益和经济效益双丰收，已成为实现博物馆教育功能亟待研究的课题。原有的价格高昂的文物复制品，因自身缺乏生活气息，难以融入现代生活而陷入曲高和寡、乏人问津的困境。网络时代，文化创意产品的开发正摆脱原有设计定稿、生产销售、市场反馈、确定产品的繁杂流程，逐步转变为网络获取市场需求，消费者参与产品开发，针对市场进行定制的开发模式。这一模式从一开始便可以准确定位市场，使文化创意产品在兼顾独特艺术美感的同时，又符合大众的消费心理。

与大众日常生活息息相关生活化的文化创意产品，一方面满足了消费者"接地气"的实用性、时尚型要求，另一方面又凸显了文化特色，促成传统历史文化走进生活，将厚重的历史文化通过特定形式鲜活起来。在以市场需求为向导的环境下，富含浓厚情感气息的生活化文化创意产品，正是大量社会民众消费群体对这一问题的反馈。

（二）典型生活化文化创意产品个案分析

近年来，随着国家对文化事业和文化产业的不断重视，文创市场需求日益增大，文化创意产品也出现了可观的发展。根据网络数据，2017年故宫博物院文创产业销售收入15亿元，研发在售文化创意产品达10 000余种，产品覆盖日常生活的方方面面。故宫博物院天猫文创旗舰店将其开发的文化创意产品分为故宫过年、故宫笔记、创意生活、紫禁服饰、金榜题名、出行甄选、家居陈设、国礼之选几大类，其中原创系列彩妆、朝珠耳机、祥瑞主体手机壳、手工编织手绳、"正大光明移动电源""太和殿脊兽跳棋""黄金宫灯珊瑚白玉摆件""官帽书签—清代卫兵""朕就是这样汉子"折扇等文化创意产品，广受消费者追捧。2018年12月11日，故宫淘宝推出原创系列彩妆，因销售火爆，到12月15日仅4天预售便已结束。2018年，故宫文化创意产品凭借自身文化与实用性结合的特性，走出国门，在东京、贝宁、布鲁塞尔、悉尼、首尔等地开展文化创意展，取得良好效果。在旅游市场文化创意产品持续火爆的同时，故宫博物院文化创意产品的研发已不仅仅局限在旅游纪念品方面，2016年纪录片《我在故宫修文物》一经播出便火爆网络，2018年10月故宫与北京电视台联合出品的大型文化季播节目《上新了·故宫》社会反响强烈，2019年2月19日、20日继故宫过大年之后故宫开办上元灯会，故宫已凭借种种贴近生活的表达方式成为新晋"网红"。2017年，故宫开发出"久旱逢甘雨、他乡遇故知、洞房花烛夜、金榜题名时"为主题的系列文化创意产品，其植根我国传统历史文化，结合故宫丰富文化资源，多形式、多载体展现出中华传统民俗，市场反响强烈。纵观故宫文化创意产品的研发历程，从原先的曲高和寡到今天的深入百姓日常生活，"把故宫文化带回家"这一理念是成功的关键。文物藏品如何更好融入地现代生活，发挥文化价值，文化创意产品生活化是故宫文创产业成功的关键之一。

无独有偶，2013年6月29日，山西召开首届文化产业博览会，山西博物院便以"文化创意生活"为主题开展文创精品展，通过生活化的家庭场景模式展出其文创精品，文化创意产品包括高仿艺术品、服饰、配饰、家居用品、文化用品和玩具等文化创意产品，体现出博物馆文化与现代生活息息相关，在让大众感受博物馆文化内涵与魅力的同时，将博物馆文化创意产品延伸到日常家庭生活、获得良好的业界口碑。

当然，除了上述几个典型生活化文化创意产品取得成功的案例，还有众多案例可供参考，如大英博物馆植入"伦敦腔"的文化创意产品、苏州博物馆开发"国宝味道之秘色瓷莲花碗曲奇"食品和"贩卖美和时光"的新馆、美国约翰逊乡村博物馆"请观众讲故事"等。这些案例体现出文化创意产品融入生活，大众积极参与的特性。

纵观文化创意产品研发之路，获得成功的根源在于文化创意产品研发伊始就紧紧以公众需求为向导，将优秀传统文化和现代生活融合，充满浓厚生活化气息，满足了公众多样性消费的需求。如何盘活博物馆文化创意产品，使之能够更好传播中华优秀传统文化、扩大博物馆自身文化影响，是无法套用固定公式来解决的，但文化创意产品生活化的研发方向是可以确定的，因为这符合现代大众的消费心理，是市场在长久竞争下已经明确的公众需求。

第二节　博物馆文化创意产品合作开发模式

国家文物局发布《关于公布全国博物馆文化创意产品开发试点单位名单的通知》以来，要求试点单位重点加强探索建立多元化的文化产品开发模式，鼓励具备条件的文化文物单位依托馆藏资源，结合自身情况，采取合作、授权、独立开发等方式开展文化创意产品开发。这一要求，给文化创意产品的开发模式指明了方向。其中，合作开发成为博物馆文化创意产品开发的主流。由于各个博物馆的馆藏资源、资金、所在地条件等不同，虽然都进行着合作，但获得的成效参差不齐。重庆中国三峡博物馆作为重庆市入选的三家文博试点单位之一，在文化创意产品合作开发中以博物馆为主导，以"博物馆+"的若干模式进行文化创意产品开发，推动文化创意产业的发展。

一、博物馆+博物馆，"文化+资源"的共融共享

临时展览中的文化共融。重庆中国三峡博物馆整合多馆资源，推出原创性大展"大溪

文化主题展"。展览以历年来大溪文化各遗址的典型出土器物与重要考古发现为材料，从经济生活、艺术信仰、族群聚落等方面系统展示大溪文化的面貌。而随着临时展览越发流行，这样的文物资源的合作也变得常见。合作的主要目的一是办好展览，丰富展览主题与陈列展品；二是整合文化，将历史文化传播给大众。

联盟中的资源共享。如今，我国博物馆文创产业逐渐起步，故宫博物院、南京博物院、陕西历史博物馆等几家走在产业前端的博物馆成为其他博物馆取经的对象。重庆中国三峡博物馆文化创意产品开发人员赴南京博物院取经，双方从设计研发、营销推广到管理机制、发展趋势等方面进行研讨，进行生产开发相关企业资源的共享。同年，重庆中国三峡博物馆建立了文创精品馆，其中引进了南京博物院、中国国家博物馆、首都博物馆、陕西历史博物馆、山西博物院、浙江博物馆六家博物馆的文化创意产品，以精品馆为平台进行文化创意产品跨省展销，"借地"传播文化、扩大营销，实现社会效益与经济效益的双向发展。

除此之外，重庆市内博物馆在自愿联合的原则下，团结互助，合作发展，建立了重庆市文博创意产业联盟，共同建立、维护和扩大博物馆文化创意产品资源平台。以提升文化创意产业的研发、经营、服务、管理水平为目的，促进重庆市文化创意产业的不断发展。

"博物馆＋博物馆"的合作既是文化的融合、经验的交流，也是资源的共享，这种以强带弱、联盟发展的形式一定程度上把大家拉上了同一水平线。但笔者认为其中不可避免会产生的问题有两个方面：①取经学习引起模式统一化；②资源共享造成产品同质化。因此，博物馆在经验学习、资源利用上，要结合自身的实际情况而分析借鉴。

二、博物馆＋高校，"文化＋创意"的借智尝新

合作开发是寻找合适的第三方，将文化创意产品的设计、生产进行委托的形式。这一模式，弥补了大部分博物馆缺乏专业的设计和制造能力的缺陷。重庆中国三峡博物馆首次和重庆师范大学美术学院进行课题合作，为"走进长江文明——大溪文化展"开发了一系列文化创意产品。

博物馆将与大溪相关的文字资料、文物图片，提供给重庆师范大学美术学院——此项目的设计团队。整个团队由专业教师带队，并且根据学生的专业、兴趣，划分成视觉设计和产品设计两个子课题组。总的来说，整个项目完成划分为四个阶段，第一阶段是对文字资料、文物图片以讲座、会议的形式进行解读，启发学生从中提取设计元素、设计亮点。第二阶段，组内各专业学生绘制设计草图，专业教师每天集中学生看稿、讲评。第三阶段，将筛选过后的设计草图转换到电脑效果图呈现，向重庆中国三峡博物馆提供多套从标志到产品的完整方案。第四阶段，是基于重庆中国三峡博物馆专家团队对方案的评估意见，结合落地生产的实际要求，对方案进行修改，最后给博物馆提交一套最优方案。整个项目中，两个课题组并非独立工作，而是相互交流、专业跨界，进行创意的优化、碰撞甚至融合。

重庆中国三峡博物馆与重庆师范大学美术学院在"大溪文化展览"项目中的课题合作

是一次大胆的高校借智尝新。取智高校的优势有三个方面：①设计团队年轻、资源充足；②设计创意大胆；③设计思维系统。首先，设计院校师生是一直走在设计前沿的年轻群体，他们更能敏锐地捕捉和创造出当下的流行文化。这一点正抓住了文化创意领域的市场在逐渐年轻化的特点。同时，设计资源充足，整合了各个设计专业的学生参与其中。其次，相对熟知市场规律的企业设计团队来说，学生的创意更加大胆，能满足文化创意产品所需要的"创意""创新"。最后，在专业的设计教师指导下，学生的设计思维、设计方法呈现有"法"可依，而非"胡思乱想"。借智高校优势突出，但也存在明显的短板。此次合作中笔者发现，创意落地成为产品最大的一个难题。一是高校不能满足生产，需要博物馆方自行寻找厂家。其中的沟通需要博物馆来做，可能会影响设计呈现。二是有些设计受限于厂家现有的生产技术、材料，以及博物馆的资金有限，无法实现生产。因此，不得不取消部分方案，或者替换设计方案中原定的产品材料。

三、博物馆＋企业，"文化＋市场"的借力合作

除了和高校进行合作，重庆中国三峡博物馆依然和企业进行了合作。在"走进长江文明——大溪文化展"中，和湖北致信礼邦文化传媒有限公司合作开发了30款文化创意产品。其中有10款为重庆师范大学设计方案。在和该企业的合作上，具体来说可以划分为两种，一是设计与生产；二是生产。

该企业为"大溪文化展览"开发了20款文化创意产品，在设计与生产上进行合作。合作以3个月为周期，按设计方案确定—产品打样—大货生产—投放市场四个流程进行。在产品开发中，重点从市场出发，力求覆盖更加广阔的消费人群，所以产品定位分为高中低3个档次，给予消费者更加多元化的选择。高端艺术品（10%）——针对有一定品位、消费力和鉴赏能力的高端客群。中端定制工艺品（20%）——针对大数量的企业和团体定制客群。普通生活及文化用品（70%）——以中小学生为主要群体，同时覆盖日常消费人群，主要设计产品以学习用具、玩具、餐具和日常生活用品为主。

同时，重庆中国三峡博物馆将重庆师范大学设计的10款方案委托给该企业进行生产制作，在生产上进行合作，既省去了另寻厂家的麻烦，也在一定程度上节省了资金。

企业与博物馆之间的合作是文化创意产品开发模式的主流。重庆中国三峡博物馆和湖北致信礼邦文化传媒有限公司合作是社会力量参与到文化事业中的典型，是博物馆文创走社会化路子的方式。在此次项目合作中，企业最大的优势就是与市场的对接快速、准确。文化创意产品的落脚点最终是在"产品"二字上，而产品和商品之间的转化就在于销售，能带来经济效益，是最终的目的。恰好企业就深知如何带来经济效益，他们熟知各种材料的运用，了解生产技术、市场营销的规律。因此，企业设计人员给出的设计方案可实现性强。同时，企业还存在设计速度快，软件技术熟练的优势，能展示出完整、效果好的设计方案。

与企业合作也存在一些劣势。首先，产品过于商业化，创意设计受市场局限。虽然设

计师熟知市场能增加产品的落地可能，但过于市场化会导致同质化。作为文化创意产品的开发，有创意才能使产品与众不同。其次，产品应具备的文化性不够。博物馆文化创意产品的开发始终要有文化性才有存在的意义，否则和一般商品无异。企业人员有限，无法将全部的精力投入一个项目的开发中，因此，对文物元素、文化背景的深度挖掘不够。

重庆中国三峡博物馆在文化创意产品合作开发中对"博物馆+"进行了具体的实践探索，采取联系博物馆、借智高校、借力企业等多种方式，致力于在文化、创意、市场上进一步优化创新，取得了显著的效果。其过程中存在的问题也不可避免地暴露出来，而这一个案中反映的问题正是"博物馆+"模式面临的困境。作为"博物馆+"中处于优先地位、发挥主导作用的博物馆，要站稳位置不动摇，结合自身的实际情况，打开更多的合作渠道，创新更优的合作方式来推动文化创意产品的开发。

四、对"博物馆+"模式的新思考

博物馆首先应做好与文化相关的源头工作，以文化为根本、创意为核心、落地为目的，引导合作团队开发文化创意产品。

博物馆作为具有教育职能的公共文化服务单位，具有向公众展示人类文明、促进文化交流、满足公众精神文化需求、提高公众文化素质的重要作用。而文化的传播，除办好各种陈列展览外，也体现在文化创意产品的经济效益中。

博物馆文化创意产品的开发是传统文明在新时代的转化，文化为根本、创意为核心、落地为目的是这一转化过程自始至终的要求。但在这一过程中，文化之根本时常面临"走丢"的危险。这就要求博物馆做好文化研究的源头工作，深度挖掘文化，深入研究文化，将文物以及文物背后的历史准确地传播给大众。在合作中必须站在主导位置，引导合作团队进行文化创意产品的开发，不可为求合作、为得效益而服从于合作对象。

博物馆要开放更加广阔的合作平台，进行更加多元的跨界合作，解锁更多元的合作方式和合作对象，进行更深、更广、更优的合作。

博物馆开发文化创意产品要面临人力、财力等资源有限的问题，因此，开放更加广阔的合作平台、进行多元的跨界合作是文创事业发展的重要方式。

首先，是"行业+"。博物馆不能只是和一个团队合作，不能只是和一个行业领域合作，要将博物馆文化创意产品开发的触角要伸入工业、科技、教育、服务等行业领域，形成一条创意设计、产品生产、商业销售的全民文创产业链。博物馆举办文创赛事，就是鼓励全民文创的方式之一。但博物馆文创赛事要不仅限于创意产品的设计的征集，还可以征集服务型、体验性、教育性的"产品"，以及活动方案、营销策划等和文化创意相关的方方面面。

其次，是"品牌+"。借品牌之力让IP活起来。例如，七大博物馆——抖音推出博物馆抖音创意视频大赛，故宫——美图合力开发宫廷文化线上拍照素材，梵·高博物馆——亚马逊联合推出梵·高画作Kindle保护套，都是借品牌之力让IP活起来。但这样的强强联手不是所有的博物馆都能做到的。地方博物馆可以抓住地方文化、地方特色和地方品牌展开合作，借此让 IP 活起来、产品火起来。

最后，要进行更广、更深、更优的合作。不只停留在文化创意产品开发的层面，逐渐形成博物馆学领域内的深入系统研究。

项目内外跨界合作，以未来发展趋势为导向，培养优秀复合型人才，达到"共赢"。

博物馆搭建的"协同创新"平台，既是发展文化事业的平台，也是集合优秀人才的平台。参与其中的各个行业应该从中看到未来发展的趋势。以博物馆、高校和企业三方来说，从中可以看到未来人才培养、行业发展的方向。重庆中国三峡博物馆搭建的"校—馆—企"平台，就是良好的例子。

首先，博物馆既要引进人才，也要培养人才。引进人才，是填补博物馆自身文创开发的短板。培养人才，是长远的为博物馆文创领域输入专业人才。因此，博物馆在项目合作之外，可以联合高校和企业，建立实训基地、文创培训营等诸如此类的教学平台。一是可以让博物馆内部文创开发人员参与其中，进行设计、市场、营销等方面的学习；二是可以培养专门的博物馆文创开发人才。

其次，高校既要培养人才，也要输出人才。一是高校人才培养要向"复合型""应用型""实践型"发展，以项目为契机，以创意实现为主要目标，在专业划分、教学方式、课程设计上进行优化升级。还可以联合企业，以实习实践、游学等形式进行人才培养；二是高校要进行优质人才输出，填补文创领域的人才缺口。

最后，企业既要遵循市场，也要突破市场。遵循市场规律，把握流行趋势，定位消费群体，才能赋予文化创意产品以使用功能，增加卖点。相比之下，更难的是突破市场，撕掉"同质化"标签，博物馆文创要具有不同的文化属性、设计创意、使用功能，进而从中国制造转向中国智造。

总而言之，合作开发模式在博物馆文化创意产品开发中应用普遍，成为文化事业向文化产业发展的加速器。为了顺应时代发展，就必须在"博物馆＋"的基础上不断创新合作的方式，用一种方式玩出千般花样，从政策、资金、人才等方面为合作开启畅通之道。而博物馆不仅要成为文创事业发展的先锋，应该推动文创产业的发展。

第三节　博物馆文化创意产品的开发设计

一、博物馆文化创意产品展陈开发设计

结合我国博物馆文化创意产品的实际发展状况来看，其产品特点主要为创新性、传播性、独特性与特殊性。相关人员在开发设计博物馆文化创意产品时，要注意物质产品是文

化的主要载体，这就涉及人员的创新能力，要确保设计出的文化创意产品能够被人们接受，进一步促进人们了解产品背后的文化故事，有利于发挥博物馆的公众教育职能。

（一）博物馆文化创意产品开发设计的创新原则

1. 注重在文化创意产品中融入日常美学

当前，部分博物馆在运行发展过程中较为偏向复制藏品，因此导致文化创意产品过于单一并且不具备新颖性，文化创意产品的使用价值严重降低，与此同时，文化创意产品自身的美学也不能有效体现。消费者在购买此类型文化创意产品之后，往往将其束之高阁，不能进行有效利用。这样一来，在一定程度上制约了博物馆文化创意产品的研发工作。

2. 传播独特的文化

众所周知，博物馆文化有效体现了馆藏文物的文化特征，除此之外，博物馆还应该注重传播本民族文化、地域文化、国家文化等内容，在此过程中，博物馆可以通过开发设计文化创意产品的方式，体现博物馆的文化内涵，使人们能够充分感受博物馆的文化价值。

3. 塑造品牌个性

在众多文化创意产品中，由于博物馆文化创意产品的特殊性，设计人员在开展设计工作时不仅要充分结合当前市场状况，还需有效结合本地特色，最终塑造出符合博物馆特色的全新品牌，为文化创意产品的后续发展与推广打下基础。在此过程中需要注意的是，当博物馆借助文化创意产品走向市场时，需要对市场品牌理念进行全面了解与学习，以便能够制定出符合自身发展的品牌推广策略，使博物馆文创产品品牌得到个性化发展。

（二）博物馆文化创意产品开发设计的创新策略

博物馆文化创意产品身为我国新时代的文化传播方式，拉近了受众与博物馆之间的距离，以新形式履行了博物馆自身的公共教育的职能，使受众充分体会博物馆独特的文化魅力。在当前我国越发严峻的经济市场中，博物馆文化创意产品想要长久健康地发展，需要对产品设计不断创新。由此，本书从以下内容对博物馆文化创意产品开发设计工作进行论述。

1. 更新文化创意产品的开发理念，创新文化产品的管理模式

相关设计人员在开发设计博物馆文化创意产品时，需要不断引进新理念与新技术，积极参考国外众多先进国家的管理模式，利用博物馆自身多元化的优质资源，提高文化创意产品的价值。除此之外，相关管理部门应该不断完善管理模式，以实现社会效益和经济效益为原则，使博物馆文化创意产品在发展过程中不断获得新活力。同时，要学会借助社会力量，解决文化创意产品开发设计过程中资金短缺的问题，以推动产品设计工作有效持续开展。

2. 重视政策引导，完善相关法律法规

众所周知，良好的经济政策能够有效促进文化创意产品不断发展，基于此，博物馆在

运行发展过程中想要推动文化创意产品稳步向前，需要制定完善的发展策略。在此过程中，首先，相关政府部门结合当前市场情况，以及博物馆文化创意产品的发展情况，完善相关法律法规，为文化创意产品的设计开发以及市场发展提供保障。其次，博物馆在运行发展过程中应该重视文化创意产品的设计开发工作，针对产品开发设计工作可以建立完善的考核机制，激发设计人员的工作积极性，为文化创意产品的开发设计工作提供良好的工作氛围。

3. 博物馆文化创意产品形式的创新

针对产品而言，它是由一定结构与物质材料相互组成的，具有一定功能性的实体，是通过人开创造物，结合当前我国产品的主要生产方式来看，主要分为工业设计与手工设计两种，工业设计又涉及众多内容。博物馆想在当前产品类型众多的经济市场占有一席之地，需要充分考虑消费者的购物体验，以消费者为主体，在生活美学的视域下，对博物馆文化创意产品进行开发，促使博物馆文化创意产品能够走入人民群众的生活。当前有关我国博物馆文化创意产品类型众多，涉及创意生活类、体验类以及馆藏复制品等类型，在众多类型中想要对博物馆文化创意产品进行创新，可以采用人人参与的方式，使博物馆文化创意产品不再拘泥于一种固定模式，帮助人们通过消费文化创意产品来"自我实现"。例如，博物馆可以采用文化体验型的文化创意产品方式，使人们都能够亲身体验产品的创意设计工作，并且能够将自身设计转换为实际文化创意产品，提高人们对于文化创意产品的热情，为推动博物馆文化创意产品不断发展打下基础。

4. 加强人才建设

结合当前我国博物馆开展文化创意产品设计工作的实际情况来看，普遍存在缺乏人才的情况，这导致博物馆文化产品的创新设计工作受到严重的制约。基于此，博物馆应该积极引进专业人才，建立完善人才引进机制；与此同时，还要注重对自身文化创意产品设计队伍开展定期培训工作，提高设计人员的创新能力与专业水平。博物馆还可以充分利用自身资源，跨领域、跨部门对文化创意产品进行开发设计工作，为开发设计工作注入源源不断的活力，促使文化创意产品创新发展。

综上所述，在我国旅游文化业高速发展的今天，相关设计人员在开展博物馆文化创意产品的设计工作时，需要不断引进新理念，对产品设计不断创新，以便能够使博物馆文化创意产品在当前形势越发严峻的经济市场长久发展，充分发挥博物馆的公共教育职能，使人民群众能够充分领略我国文化的魅力。

二、遗址类博物馆文化创意产品的开发设计

随着社会的不断发展，人民对文化的要求越来越高。我国作为一个历史悠久的大国，拥有非常多的保存历史遗迹的博物馆。遗址类博物馆是在大遗址保护中一种常见的类型，大遗址保护园区中一般均设有展示宣传遗址出土文物及文化内涵的博物馆，如河南三门峡

的虢国博物馆和西安秦始皇兵马俑博物馆等。

（一）博物馆文化创意产品开发设计的意义

遗址类博物馆是对文化的一种保存，随着时代的发展变化和社会教育发展的需要，博物馆从原来的主要陈列藏品的宝物库变成现在对公众开放的观赏学习型博物馆。博物馆的研究功能和藏品展示作为博物馆的主要功能，本身带有很强的历史性。我国是一个历史悠久的国家，博物馆对历史长河中的一些文化可以加以保存和传递，特别是遗址类博物馆，一般都建在遗址的旁边，人们站在博物馆的门口，就有一种穿越时空的感觉。博物馆文化创意产品是蕴含丰富博物馆精神内容积淀的文化商品，是博物馆利用自身资源，通过开发和营销进行的一个推广博物馆文化、增强自身收入的重要载体，是实现文化事业与文化产业融通，社会效益与经济效益双赢的关键一环。

第一，有利于推广博物馆文化。我国拥有很多著名的博物馆，但是要认知某一类博物馆的特点是什么，要怎么记住这个博物馆，就需要博物馆建立一个标签，也就是要树立一个品牌。比如，西安秦始皇兵马俑博物馆的兵马俑，人们一提起兵马俑就能想到西安秦始皇兵马俑博物馆，这就是品牌的力量。博物馆文化创意产品能够将博物馆的文化特色融入文化创意产品之中，增强游客对博物馆文化的感知，让游客对博物馆的文化有更深入的认识。而且还可以将所有的文化创意产品作为一种标签保留在博物馆内，见证博物馆与不同时代的碰撞。第二，有利于增加博物馆自身收入，实现经济效益与社会效益双赢。博物馆是一个非营利性的机构，资金主要依靠政府扶持和社会支持，博物馆内的日常开支、文物维护、保护设施维修、展览规划的费用不足等都限制了博物馆的发展。收费型博物馆的压力相对较小，免费开放的博物馆的压力就比较大。博物馆文化创意产品的经营能够帮助博物馆减轻一些经济上的压力，提供一个收入渠道，而且有利于博物馆文化的传播，可以说是经济效益和文化效益的完美统一。第三，有利于促进文化的传播和发展。博物馆的展览陈设就是一个让广大人民学习吸收优秀文化的过程，博物馆内的很多藏品具有极高的文化研究价值。历史是一个特别厚重的词语，人类没有时光机也没有穿梭时空的能力，想要了解历史的文化，只能通过对历史遗址的观察和研究，这是一个传承优秀文化的过程。博物馆文化创意产品富含博物馆的文化特色和地域文化特色，也是对文化传承的方式。

（二）遗址类博物馆文化创意产品开发设计的问题

1. 文化符号不足，创意不足、产品同质化现象严重

遗址类博物馆是一个文化意味非常丰富的机构，遗址类博物馆文化创意产品应该富有遗址类博物馆的特色或者地域特色，需要带有很强的特点，与其他的遗址类博物馆有本质的区别，有独特的文化符号。遗址类博物馆文化创意产品不只是商品，还是文化品牌，21世纪是一个重视个性的时代，特别是现在成为主要消费者的90后，张扬个性几乎成为他们的标签，所以他们更喜欢那些带有个性特点和文化创意的小品牌，这就需要遗址类博物

馆对与馆内藏品遗址类博物馆文化深度剖析，挖掘文化特色，精心设计。博物馆文化创意产品除了要体现遗址类博物馆的特色，还要注意对遗址类博物馆文化的继承，要带时代特点，若干年后遗址类博物馆文化创意产品或许就是另外一种对遗址类博物馆历史的纪念。要最大限度地挖掘文化价值，避免出现同质化现象，导致文化创意产品的价值降低。

2. 市场定位模糊、实用性低

遗址类博物馆文化创意产品是针对市场进行的文化产品开发，需要一个清晰的市场定位，要遵循市场发展规律，最好做一个市场调查。商品是需要受众的，需要能够把握住消费者的心理。所以在文化创意产品设计研发的过程中要做好市场调查，进行一个明确的市场定位，了解市场需求，对于消费能力低的游客，有专门的销售渠道，消费能力高的游客也有专门的展览区。价格的定位也要注意把握，有针对性地面向消费群体，如喜欢买纪念品的游客和爱好小清新制作的文艺青年等；文化创意产品的另外一个方面就是产品的实用性较低，并不能够激发消费者进行消费的欲望。遗址类博物馆也属于旅游景区，我国旅游景区有一个普遍又严肃的问题，就是旅游景区内所有商品的价格都偏高，而且基本上没有什么实用价值。这给游客留下一个特别不好的印象，所以在遗址类博物馆文化创意产品的设计方面可以着重加强文化创意产品的实用性，赢得消费者的偏爱。

3. 文化功能、知识产权

遗址类博物馆文化创意产品同质化严重的一个重要原因，就是没有注重对文化创意产品的知识产权保护。目前，建立文化创意产品知识产权保护的遗址类博物馆少之又少，遗址类博物馆文化创意产品之间争商标权、专利权的案件屡见不鲜。精神经济时代下，遗址类博物馆自身必须承担起管理自主知识产权的责任，聘请法律顾问、将知识产权的管理职能外包出去，或者设立专门的知识产权管理部门。文化侵权现象时有发生，这不仅仅使遗址类博物馆文化创意产品同质化情况加重，更严重的是这背后对文化创新的抛弃，习惯性抄袭使他们丧失了自主创新的能力，这是一个特别可悲的事实。对遗址类博物馆来说，在打击侵权盗版的同时，文化创意产品开发的脚步也绝不能停，提升作品品质，增加他人侵权的成本费用，是防止他人侵权的一个有效途径。

4. 经营管理不足，缺乏社会影响力

产品的销售除了市场之外还需要考虑经营管理，也就是宣传、营销、售卖和售后服务。目前的经营管理上面存在着文化创意产品展列位置不佳；文化创意产品宣传力度不到位、宣传方式单一；馆内文化创意产品卖场的陈列布局呆板，展柜设计无创意，商品摆放杂乱无章，无法刺激观众停留购买的欲望；服务态度冷漠等问题。遗址类博物馆是一个文化底蕴丰厚的机构，售卖遗址类博物馆文化创意产品是文化效益与经济效益的结合，所以在宣传的过程中要注意不要打扰遗址类博物馆的正常开发，可以选择富有遗址类博物馆特色的方式进行宣传，也可以利用互联网产品进行营销宣传，范围更广，受众面积更大；售卖和售后阶段一定要注意服务态度，要强化工作人员的服务意识，真诚微笑服务。

（三）遗址类博物馆文化创意产品创新设计的策略

1. 优化产品设计

博物馆文化创意产品的开发最重要的环节就是设计。良好的设计不仅能为商品带来美观的外形，更能将博物馆的文化与商品融为一体。优化博物馆产品的设计的第一个重点在于创新，这就需要博物馆加强对设计人才的培养和保护，专业的设计人才能够做出精美、富有创意的设计。现在是注重文化竞争的时代，人才是第一生产力。文化创意产品的创新主要依靠的是人才。目前，博物馆文化产品开发设计面临的一个最尴尬的问题是博物馆内熟悉文物的工作人员并不精通设计，甚至不知道要如何进行设计，博物馆内缺少专门的产品设计师。但是如果将产品设计的任务交给专门的负责团队，又需要支付一笔相当高昂的设计费用。所以，需要博物馆注重对文化创意产品设计人员的培养，加大奖励力度和待遇，吸引设计人员来博物馆任职；还可以充分利用各大高等院校、职业学校各类设计、艺术、美术生创意智慧，每年开展全市范围内的文创征集比赛，发现优秀文创设计人才，提升文创设计开发水平，不断创新创意文化产品设计。

文化创意产品的纪念价值和使用价值，博物馆文化创意产品的宣传词是"把博物馆带回家"，这就意味着文化创意产品富有极强的纪念价值，它有丰富的文化内涵，与博物馆的文化紧密相连。但是很多博物馆的设计只是简单地将博物馆建筑或馆内陈列藏品简单缩印就作为文化创意产品，在消费者看来这只是一种敷衍，未能对文化符号的内涵及运用进行有效延伸，造成元素资源的浪费。更有个别博物馆对自身馆藏价值缺乏深入研究，只是一味模仿，缺少让人眼前一亮的特色。另外，目前博物馆文化创意产品的实用性极低，一般是一些明信片、书签、打火机、扇子之类的，不被广大消费者所喜爱。除了挖掘有文化含金量的资源，更要注重对能和人的现实生活发生关系的文化资源的挖掘。要将文化创意产品融入生活，在注重文化内涵的同时强调实用性、趣味性，让原本遥不可及之物变得可感可用，让传统文化变得鲜活生动。文化创意产品的设计需要融入博物馆文化和当地文化，避免出现文化创意产品同质化严重的情况，需要对产品做一个清晰的品牌定位。比如，针对文艺青年、普通游客、博物馆研究人员、学生、收藏爱好者都有针对性地设计不同的文化创意产品，富有个性特色，满足不同群体的需求，必要的时候还可以提供私人定制服务。

2. 艺术授权，注重对知识产权的保护

博物馆艺术授权综合了艺术授权与品牌授权，具体内容包括藏品与主体建筑的数字图像资源、博物馆品牌等，具体方式包括图像授权、品牌授权、出版授权与合作开发。随着社会的不断发展，人们的生活水平不断提高，就更多地开始追求对艺术文化等方面的精神需求。文化竞争压力越来越大，对知识产权的保护也越来越重要。博物馆文化创意产品是一个极富有文化特色的商品，需要加强对知识产权的重视，在不断完善知识产权保护合法权益的基础上，激发博物馆艺术授权的顺利进展。艺术授权时代，文化创意产品的开发设计更合法，为文化创意产品的发展扫除了障碍，有利于博物馆文化生产价值的提高，有利

于实现博物馆文化传播的重要职能。

3. 依托互联网的营销平台

产品销售的一个重点在于营销，宣传有利于让更多人了解产品，有了最基本的了解才会有购买的欲望。产品的营销一直以来都是市场的关键。就博物馆文化创意产品而言，首先需要打开市场，也就是让更多的人知道博物馆内的文化创意产品，了解产品背后的故事，吸引消费者的注意力。营销宣传的渠道有很多，但是效果不同，现在是智能互联网时代，网民规模整体保持平稳增长。所以在进行市场营销宣传的过程中可以依托互联网平台，充分利用互联网宣传具有受众面积广、宣传范围大等特点进行宣传。而且利用互联网进行宣传，还可以将产品的设计和制作过程拍成短片在博物馆内部电视上宣传，让消费者进一步了解文化创意产品背后的故事，吸引他们的注意力，激发他们的购买欲。

4. 加强经营管理

从管理体制上说，需要加强和改进管理体制，一个完善的体制能够保证工作的顺利进展，目前无论是产品的设计研发、创新开发还是营销服务都在管理的大体制框架内。文化创意产品是文化价值与经济价值的统一体，博物馆内部对商品的管理方面的经验是比较薄弱的，因为博物馆一直以来都是一个非营利性机构，缺少对商业化产品的管理经验，需要对此进行加强；从经营方面来说，主要是产品的营销手段和售后服务，在网络极为发达的今天，营销渠道多种多样，无论是广播、电视还是报纸、网页都有它特别的营销之处，依托互联网平台进行营销是一个方便快捷又富有成效的营销方式。营销管理还可以通过建立会员制的大数据分析法来分层推广，针对不同的群体制订不同的营销方案：文艺青年们更偏爱产品的文化底蕴、普通游客可能更在乎产品的纪念意义、年龄偏大的游客更在乎产品的实用价值、孩童更在乎产品的趣味性等，可以根据市场调查对每一个群体进行研究，有针对性地进行产品设计与宣传。而且宣传的时候也要注意针对有效受众群体，达到一个高质量的宣传效果。售后服务更多的是对服务态度的强调，博物馆是一个文化底蕴丰厚的机构，面向社会上的所有人开放，但不是所有人都有足够的资金去购买自己喜欢的产品，这就需要服务人员在销售和售后的服务中一定要注意态度问题，要平等、微笑、热情地对待每一位顾客。

综上所述，当代博物馆文化创意产品的发展仍处于一个成长状态，在很多方面存在不足，需要进一步完善调整。博物馆文创产品的开发和创新有利于博物馆文化的传播，有利于知识产权的保护，有利于文化创新发展，还有利于博物馆文创产业的发展，所以应对文创产品的设计、营销予以高度重视。现在是文化竞争的时代，对博物馆文化创意产品的开发创新，不仅有利于实现博物馆经济效益和文化效益的统一，还有利于增强文化自信，弘扬中华优秀传统文化，继承发展优秀文化，推动社会经济文化协调发展。

三、非国有博物馆文化创意产品的开发设计

非国有博物馆作为博物馆的重要补充，也是民间典藏和展示文物的场所，连接着人类的过去、现在和未来，是透视人类文明发展的窗口。随着现代社会的不断发展与变革，非国有博物馆的数量不断增多，它们和国有博物馆一样承载着收藏、研究、展示、教育等功能，同时也满足了社会大众精神文化产品的购买需求。当前，博物馆文化产品开发及创新日益成为非国有博物馆发展的重要议题。文化创意产品的开发在博物馆的运营中得到更好的发展，需要面对困难勇于进行创新。

（一）目前我国非国有博物馆文化创意产品的开发与创新面临的问题

目前许多博物馆有意开发文化创意产品，但据调查，除北京和台北等几家知名博物馆的文化创意产品成为网红之外，大多数博物馆的文化创意产品不尽如人意，有馆内柜台曾一度停止运营。一些社会经济较为良好的省级博物馆也是不温不火，可想其他地市级场馆整体情况更不理想。通过调查分析，笔者发现地方博物馆文化创意产品销售不佳存在一系列原因。

首先，部分项目开发早期投入较高，但市场回报存在不确定性，各博物馆因此在投入上较为谨慎。有些项目投入开发经费不少，但是销售情况却不明朗。其次，文化创意产品内容不丰富，产品相似性程度较高，博物馆可以买到的产品往往旅游商店或其他销售商店也可以买到。基于此，不能只顾开发，忽略创新。

非国有博物馆文化创意产品主要以旅游纪念品为主，这种产品开发没有和市场紧密结合，没有以市场为本位，只注重"新颖"，不注重市场。开发的产品被专家认为有创新度，但市场的消费者却不买账。此外，产品开发还遇到利润分配影响开发者积极性、产品销售渠道单一等其他问题。针对以上情况，特别是在销售内容上，可以扩大合作产业的涵盖范围，没有纳入考虑范围的行业可以重新思考可行性。

（二）学习"杭州手信"的艺术授权形式，推动非国有博物馆文化创意产品设计

"杭州手信"品牌经过精心的运作和发展，已经取得了一定效益，正在逐步成为杭州博物馆继展览陈列等传统特色外的又一大亮点。综观"杭州手信"的发展扩大，充分的产品艺术授权与营销手段是其快速发展的原因。主要体现在以下几个方面：

（1）利用馆藏文物线描图开发文化创意产品。博物馆文化创意产品的艺术授权不仅牵涉到知识产权保护问题，如果是基于馆藏文物的开发与利用，最重要的还是如何保证文物这种不可再生资源的安全问题。无论何种形式的开发均有对文物造成损伤的危险，但如果仅凭器物照片进行仿制又难免存在比例失调、形象失真等问题。"杭州手信"文化创意产品在产品开发过程中充分利馆内资源，组织专业人员对藏品进行考古线图描绘，对照线图

进行产品开发，不仅有效降低了风险，由于考古线图对器物描绘较为精准，解决了在开发过程中产生的误差，更利于保证开发出的产品尽可能保留其艺术性。

（2）举办手信文化节活动，充分利用社会资源，为非国有博物馆文化创意产品创立自己的品牌，建立馆企合作、馆馆合作。以"手信"为切入点，深入推进杭州博物馆文化创意产品的研发。杭州博物馆举办了各地博物馆手信文化节，并将首批原创文化创意产品与馆外文化创意产品销售商的产品一同发售，以文化创意产品集市的形式"让文物更亲民"，搭建多元化平台，让游客在参观博物馆感受文化气息过程中还可挑选购买众多文化创意产品。这不仅让"杭州手信"的品牌与设计理念深入人心，也为其他博物馆及企业搭建了平台，收到了良好的效果。

（3）非国有博物馆文化创意产品的开发创新除了依赖传统手段外，还引入了新技术，3D打印技术的应用为博物馆的文化创意产品注入了新的活力。利用3D打印技术可在原有利用考古线图开发文化创意产品的基础上更加省时省力，并进一步确保文物安全。只需几张照片便可在完全不接触文物的情况下开发出产品图。将3D打印技术引入博物馆文化创意产品的开发中，不但节省时间成本，而且更加绿色环保。但此种技术的引进也有其局限性，一次性投资较大，因此需要根据博物馆实际情况进行操作。

（三）非国有博物馆文化创意产品的开发和创新设计的有效措施

（1）建立专业的创意人才及创意团队。博物馆要以满足广大消费者的文化需求为中心，一切工作以消费者的利益为出发点；要有目的、有计划地开发文化创意产品；组建一支富有创新精神和创新能力的创意团队。博物馆的创意团队将藏品的特色与艺术融合来助推文化创意产品的开发。利用社会公众需求研究人们的生活及人们日常生活的需要，设计实用性强的产品。例如，设计有特色纹饰的小钱包、抱枕、鞋子等文化创意产品，可以给观众带来耳目一新的感觉。同时，以产品研究成果为基础，所有文物藏品都包含历史信息，都是过去时代工匠精神的体现，很多是精品，可以通过对这些藏品的分析，挖掘出很多图案。以文化创意研发为支撑，把创意融进文化创意产品，而不仅仅是复制。

（2）提高文化创意产品自身档次。博物馆紧密结合文化活动，突出本馆特色，举办展览。举办前期要研发一些跟展览主题吻合的文化创意产品。以观众需求为出发点，采取合作、独立研发等方式开发文化创意产品，创造良好的经济效益和社会效益。通过举办与博物馆馆藏相关的工艺品设计制作大赛，让更多的人有参与感，为文化创意产品带来生命与活力。文化创意产品的大量生产，一定要特别关注质量，因为文化产品不是一般的商品，是要带着博物馆的形象进入市场，所以要特别注重质量。

（3）创造大规模生产文化创意产品的条件，与企业合作，建立完整的产业链，遵循共赢共荣的原则。

（4）改善购物环境。目前大部分博物馆的文创商店给顾客的体验感差，这也影响了经营效益。考虑到参观体验的整体性，除了部分特殊情况，文创商店是在参观的末端。但是，到了这里，观众往往正受到出口倾斜效应的影响，身心俱疲地只想着尽快离开去休息。而很多博物馆商店在设计、商品摆放等方面做得不够好，观众甚至没兴趣多看一眼。所以改变文创商场的位置，有利于调动消费者的消费欲望。据调查，有些商店还会有很多外包的商品，同本馆关联度低，而且看起来也缺乏"档次"，给人一种"杂货铺"的感觉，观众提不起购物的兴致。这些做法应及时调整。

博物馆作为典藏和展示文物的场所，连接着人类的过去、现在和未来，是透视人类文明发展的窗口。当前，博物馆文化产品开发及相关文化创意产业的发展，正在日益成为当代博物馆最时尚的议题。文化创意产品的开发在博物馆的运营中越来越受到关注和重视。做好博物馆文化创意产品的开发，是延伸教育功能、巩固服务效果的重要载体。发现非国有博物馆文化创意产品在开发和创新设计中的共性问题，将其避免或努力克服是新时代下的经营策略。将藏品内涵融入文化创意产品设计中，不只是体现在设计方案上，也体现在创新思维上。要学习故宫博物院、台北故宫博物院以及杭州博物馆的成功之处，结合自己特色，开发出适合自身发展的文化创意产品，才是给非国有博物馆经营与发展注入新鲜血液的关键。

四、"互联网+"与博物馆文化创意产品开发设计

（一）"互联网+"背景下博物馆文创设计趋势

自制定"互联网+"行动计划以来，"互联网+"以其迅猛发展的态势广泛渗透了各行各业。对博物馆来说，"互联网+"与文创设计的融合，可以更好地推动文化创意产品的创新设计与开发。而对大众来说，借助新媒介可以更加快速便捷地了解博物馆信息，通过文化创意产品互动体验能更直观地感受博物馆的珍贵历史文化。因此，博物馆文化创意产品的设计呈现以下趋势。

1. 互动分享

2019 年年初，腾讯视频携手三星堆博物馆和金沙遗址博物馆推出了主题为"修复文明遇见文明"的 H5，在微博、微信等移动端媒介上得到了广泛的传播分享。此 H5 以线上互动方式再现了文物修复过程，通过 3D 建模等技术逼真地还原了三星堆金面罩青铜人头像、陶三足炊器和金沙遗址太阳神鸟金饰这三件文物。整个交互形式是让用户选择需要修复的文物，通过指引滑动屏幕，配合 3D 动画模拟文物修复的全过程。值得注意的是，用户在体验过程中会有当前修复用时与实际修复用时的对比，通过这个时间对比，可以直观地感受文物修复者的艰辛，从而唤起人们对文物修复的关注，增强对文物保护的认知。在互动完成后用户还可获得限量博物馆门票，让人们真切感受文物跨越千年的历史文化底蕴。而此文化创意产品能够如此大范围地传播，受众面如此之广的首要因素，便是得益于数字媒介与文化创意产品的创新融合。

2. 平台联合

近几年故宫文创发展迅猛。其中以故宫出版社联合奥秘之家推出的《迷宫如意琳琅图籍》（以下简称《迷宫》）最为引人关注，《迷宫》是故宫推出的首本创意解密互动类书籍，通过摩点文创众筹平台进行独家发售。《迷宫》是将实体书、解锁道具和 App 三者相结合，从而打造全方位的互动阅读体验方式。通过此书，人们不仅可以享受解密的乐趣，还可以从中获得故宫的历史知识。虽然书中的故事是虚构的，但是所有涉及的人物、建筑、文物等都是真实存在的，传递给读者的历史文化知识都是有据可循的。在完成线上任务后读者可亲身来到故宫，实地探访解锁线下隐藏任务，从虚构世界转换到现实生活中，让读者身临其境触摸历史。故宫此次的创新尝试，开辟了文化创意产品的新方向。

3. 品牌助力

如今跨界联名成为品牌推广及销售最有效的方式之一，各大博物馆可谓在跨界联名上下足了功夫。其中在 2018 年春节，国家博物馆联合肯德基在全国 18 个城市推出了不同主题的"线下博物馆"活动。将 17 件国宝级藏品融入各个主题餐厅的设计中，从视觉到内容，无不体现国宝背后深刻的文化底蕴，并通过新型科技手段让消费者与国宝在线互动，零距离对话国宝。而在 2019 年天猫超级品牌日，故宫联合奥利奥，推出了融汇中西的"宫廷御点中华六味"限定礼盒，所有海报乃至包装插画，都遵循故宫建筑特色以及著名的馆藏文物。中国风的插画配以皇帝口吻的文案，再到充满古典韵味的品名介绍，都展现出了浓浓的宫廷风。这些合作跨界，充分说明当前文创正从传统走向创新，通过生动有趣的创意表现形式，让更多人了解中国传统文化，从而向世界传播中华文化。

（二）"互联网 +"背景下博物馆文创设计创新突破

1. 利用新媒介，进行资源整合

"互联网 +"的到来拓宽了博物馆文化创意产品的发展道路，为文化创意产品的设计提供了更多的机遇和挑战。如何利用好"互联网 +"为文创产业增效赋能，是当前文化创意产品设计面临的问题。单靠博物馆的一己之力很难满足多样化的消费需求。为了打破文化创意产品设计的局限性，博物馆需广泛谋求合作，利用新媒介，开拓新视野，促进文创产业跨界合作和深度融合，形成适应互联网发展要求的开发合力。如今移动互联网已渗透各个领域，手机移动端以其方便、快捷、高效，成为传播博物馆文化信息最有效的途径之一。无论是 App 还是 H5 都以其多样的互动形式深受用户青睐，更因其传播性强、普及度高而受众很广。将文化资源同移动媒介相结合，对资源进行优化配置，使其发挥一加一大于二的效果。让用户在接收与分享中，主动参与互动交流促进博物馆文化知识的传播，从而区别于传统文创以新的情感体验。

2. 融入新科技，丰富产品内容

在数字技术快速发展的今天，传统文化创意产品虽具备了美观性和文化性，但其内容的表现上缺乏创新性。绝大部分文化创意产品还是以其商业性为目的，实用性对于产品固然重要，但内容也是文化创意产品至关重要的一部分，是最能体现文化附加值的重要一环。因此，要想改变现状就需将文物的人文色彩和故事内涵，通过新科技新技术以全新的方式注入文化创意产品中，在具备形式美感的条件下对其功用进行再创造、再开发。可以利用3D 或 VR 等技术，配合移动端设备，实现文化创意产品从二维向三维的转化。例如，平面类的文化创意产品，可以通过移动端结合虚拟图像技术，丰富其设计形式和产品内容，使其摆脱单一样式的束缚，让文化创意产品"活"起来，不仅增添了趣味互动性，而且提高了产品的利用率，赋予文化创意产品新的生命力。

3. 引进新人才，凝聚多方创意

如今在日益增长的多元化消费需求下，文创设计者的压力剧增。面对千篇一律的文化创意产品，公众已产生审美疲劳。而实用性差、趣味感弱和缺乏互动，这些"瓶颈"的存在阻碍着文创设计的发展。因此需转变观念，广泛引进新人才凝聚多方力量，特别是激发社会大众的创意思维，让大家共同参与到博物馆文创的产品设计中。可以利用互联网这一平台，进行文创设计甄选活动，借助社交平台微博、微信或官方网站发布征集消息，通过大众间的分享和互动，促进信息的交流与传播，不仅能征集优秀创意，还能了解大众的消费需求，从而拓宽文化创意产品的创新设计之路。

在"互联网+"背景下，文化创意产品设计摆脱了传统设计的束缚，开辟了新的设计形式。不仅拓宽了传播方式，还极大地丰富产品内容，并且通过多种跨界融合全方位地满足当下的消费市场。在新的发展时期，博物馆文创设计要充分利用"互联网+"优势，有效地实现大众与博物馆的互联互通，开发更具历史文化知识和寓教于乐的互动文化创意产品，从而推动博物馆文创事业创新发展。

（三）"互联网+"背景下文化创意产品设计方向

1. 注入文化内涵，转变设计形式

文化创意产品的独特之处在于产品的情感化设计，消费者在购买文化创意产品时得到的不仅仅是商品，更是商品背后的历史意义与独特的情怀。博物馆藏品历史悠久，底蕴深厚，我们要充分挖掘文物中的文化内涵，让文化创意产品成为集物质需求与精神需求为一体的文化载体，使其代表一种文化，表明一种态度。在互联网的支持下，文化创意产品在出版型产品和复制型产品的基础上开发了游戏、历史人物卡通形象等电子产品，以及 App 开发等软件系统。

例如，北京故宫博物院充分利用互联网技术，开设"故宫淘宝"网站，突破了文物的简单仿制形式，将贴近生活的产品，如手机壳、便笺纸、帆布包等日常用品进行创意设计，既方便实用，又富有内涵。作为受众广而形式轻松愉快的网络游戏也是文化创意产品的一种有效的表现形式。例如，英国大英博物馆在网站设置的"游戏"栏目，以轻松有趣的形式激发人们对馆藏资源的兴趣，并且通过游戏形式，使人们对博物馆文物背后的历史知识有更进一步的了解。

2. 跨领域合作，实现共同发展

文化创意产品应呈开放性的思维，积极进行与其他行业的融合，为文化创意产品的发展带来更多的机遇与灵感。

浦发银行推出的《富春山居图》系列信用卡，画面精美，景色别致，不仅呈现了富春江两岸的秀美景色，还通过AR科技使用户身临其境地体验了富春江的优美景致。浦发银行传统文化主题信用卡不仅在设计中体现了我国传统文化，还运用了AR的高科技技术，是文化创意产品中互联网与传统文化成功结合的例子。可以说"互联网+"使世界变成一个连接的整体，不同的品牌、不同的领域可以相互结合，使文化创意产品的设计充满可能性。

3. 注重用户体验，实现多元设计

体验式文创就是用恰当的方式建立产品与消费者之间的桥梁，让消费者了解文化创意产品背后的设计理念，并且通过交互设计让用户参与到产品中。换言之，使人与产品进行有效交流是体验式文化创意产品设计的核心。

（1）建立多元的文化体验。

与静态的文化展示不同，文化体验是需要从感官、行为中摄取的。文化创意产品的设计应结合视觉、听觉、嗅觉等多方面的感官体验，不仅是外观的设计，而是通过造型、色彩、功能等多方面的设计来传达产品的理念，使文化创意产品从单一的平面化传播变为多元化、多感官的传播。

（2）建立互动式文化体验。

互动式文化体验就是让消费者参与到文化创意产品的创造过程中，让消费者在体验过程中表达自己的情感，并且得到自我满足。在现代文化创意产品的设计过程中，消费者已经不仅仅是一个被动的接受者，人们更倾向于主动地将自己的情感融入文化创意产品当中，参与创造具有独特性的文化创意产品。在作品制作的过程当中，消费者逐渐建立了与文化创意产品的互动关系，对其进行感知、接受并且交流，最终理解藏品的文化内涵。

（四）"互联网+"环境下文化创意产品的推广方式

1. 营销方式从线下到线上

移动互联网不仅成为文化创意产品的一种载体，而且实现了不受地域限制的信息流动。通过互联网，各个地区的消费者都实现了一体化，消费者可以通过手机或电脑自由选择自己喜爱的文化创意产品，并且通过在线支付进行购买。而文化创意产品也可以通过创建线上运营平台，并且通过引入流量的方式实现产品的精准营销和推广。

线上营销可以打造博物馆文化创意产品用户社区，以消费者的角度进行文化创意产品的营销方式，使文化创意产品的营销更加具有影响力、接受力和传播力。传播平台可以借助微博、微信、App等网络社交平台，根据博物馆及其文化创意产品制造话题并引发广泛传播与讨论。

在线下，可以积极承办实体文化创意体验馆和展览活动，以及文物及创意产品的巡回展出和交流，在线上营销的基础上增加消费者与产品在现实中接触的机会，使消费者亲身感受到文化创意产品的多元功能以及藏品蕴含的文化底蕴。

2.从单一产品到形成产业链

在"互联网+"的环境下，文化创意产品的开发已不仅仅是设计师一个人的工作，而是由多方合作产生的产业链。文化创意产品也成为由微博、微信以及各类 App 等多元文化娱乐业融合的产物。在网络互联互通的今天，文化创意产品已经完成了创意设计、资源提供、政策对接、品牌推广、市场营销等多方的共同合作，并形成以产品设计、开发与销售为一体的文创产业链。

3.用宏观视角把握发展方向

要用宏观的视角把握"互联网+"背景下文化创意产品的发展方向，对消费者从体验感受、设计形态、服务态度等全方位地进行大量市场调查，掌握消费者的购买心理，从消费者的体验感受出发，进行多元化的文创开发和推广。

"互联网+"计划使文化创意产品的推广方式产生了创新性的变化，博物馆藏品的传播方式也走向了多元化、系统化。设计师将藏品的文化内涵融入文化创意产品，通过线上和线下相结合的方式，向大众进行全面的推广，最终实现博物馆文化的传播与发展。

五、设计事理学角度的博物馆文化创意产品开发设计

随着文化消费不断升级，市场需求不断增大，文化创意产业发展也因此进入发展快车道，逐渐成为国家支柱产业、战略新型产业。博物馆因其馆藏文物资源丰富，蕴藏大量适宜进行文化创意产品开发的文化资源，所以，近几年博物馆文创产业发展也较为迅速。2015 年国家颁布的《博物馆条例》明确指出，国家鼓励博物馆积极挖掘馆内藏品的文化内涵，积极进行文化创意产品开发和衍生品开发，从而拉开了博物馆文创产业发展的大幕。不论是国家级博物馆，还是地方中小型博物馆，都日益重视文化创意产品开发设计。

在博物馆文创产业快速发展的同时，也暴露出一些亟待解决的问题。实力比较雄厚的故宫博物院、南京博物院等一批国家级博物馆，其馆藏文物资源比较丰富，文化创意产品研发设计能力较强，博物馆品牌的市场影响力也比较大，因此它们在博物馆文化创意产品开发与市场销售方面始终走在国内博物馆的前面，已取得显著的经济效益和社会效益。然而，中国 80% 以上的博物馆在文化创意产品开发设计方面步履蹒跚，总体上还处在起步阶段，绩效相对较差。究其原因是许多博物馆文化创意产品开发设计意识不强，设计能力较弱，没有掌握正确的设计思维与设计方法，很多博物馆文化创意产品开发还停留在简单的"贴标签"式的"复制粘贴"设计层面，产品不仅缺乏应有的文化内涵，而且产品形态也缺乏创意创新，类似"无性繁殖"。

设计事理学，是由著名工业设计教育家、清华大学美术学院教授柳冠中先生结合早年

留学德国的经历与多年的实践教学经验提出的有关设计思维与方法的理论。这一理论从设计的历史以及中国传统造物设计的脉络进行梳理研究，结合现代设计发展，提出了方法论层次的理论思考，其核心观点是以"事"作为设计思考和研究的起点，观察归纳后从而设计出"物"，是一种被广泛认可的设计思维。

（一）设计事理学：从设计"物"转为设计"事"

设计事理学是研究设计的方法论，强调对事物外部环境因素的研究，认为设计应该从"事"而非"物"的角度去理解与剖析。设计活动的主体是人与物，"物"是设计生产的作品，而"事"是人与物之间的中介关系，"事"是设计活动中的故事情境，是一个关系场。柳冠中教授拿杯子来举例：我们设计杯子，是为了喝水这一件事，而怎么喝水，在什么时空下喝水，喝水的人是谁，喝水的目的是什么等，都是属于喝水这个"事"的关系要素。离开喝水这个"事"的前提，杯子就没有存在的意义了。因此，认识与解析"事"是设计"物"的前提。而设计一旦只关注"物"的本身的话，物的具象概念就会束缚住设计师的创造性，成为千篇一律的产品。一些设计之所以僵化，就是因为把设计当成了一种单纯的造物行为，设计思维比较狭隘，设计思路没有打开。

在当今更注重体验消费的时代，更多的设计是在创造"事"，而不是只创造"物"。比如，"打卡圣地"星巴克，通过古朴的意大利装饰风格、舒适简约的家具、咖啡机的声音、服务员的笑脸，创造出一个享受咖啡的外部环境，让消费者感觉到不单纯在消费咖啡，而是在体验消费的情景与内心的放松、心情的愉悦。

设计事理学提出设计思维的重点是设计活动不再单纯从设计"物"入手，而是在创造产品使用的情境，了解其关系要素，在归纳总结后再设计产品。

（二）博物馆文化创意产品设计：以设计"事"的思维创意设计

将设计事理学的这种从设计"物"转换为设计"事"的思维方式，运用到博物馆文化创意产品开发设计中，就是将文化创意产品放在特定的外部环境去考察，从"事"的思维方式解读，即要假设博物馆文化创意产品的消费情境：是谁，在什么时间，什么空间，做什么，会怎么做，为什么要做，会有什么感受等。柳冠中教授总结出"事"的结构要素为时间、空间、人、物、行为、信息与意义，这些要素恰好可以为博物馆文创设计提供一种新的设计思维模式和开发设计的方向。

1. 事的背景——时间与空间

在柳冠中教授看来，时间和空间是"事"的背景，是设计环境的两个维度。博物馆因其特殊性，具有时间与空间的叠成效果，从这两个方向思考，更能引导其后期的设计。

时间的概念并不是一个点，而是一个阶段，是"时间流"。在时间流中，设计的本质是："发现过去，塑造未来。"博物馆因其自身的特殊展馆属性，拥有众多藏品，这些藏品内涵丰富、精美绝妙，有着特殊的时代记忆与历史背景，这些藏品也是博物馆文化创意产品创意设计的重要依托。

但是，面对这些具有时间特性的藏品文物，许多博物馆却不能很好地利用。一方面，我国众多博物馆缺少专业的设计师，一些博物馆工作者的创意设计能力明显不足，设计视野比较狭窄，往往将设计活动禁锢在馆藏文物的时代背景下，设计出的文化创意产品过分强调历史性，产品符号虽具有一定的历史文化内涵，但是产品形态往往缺乏创意，产品的形式属性及附加价值属性与消费者的艺术审美和精神文化需求相脱节。另一方面，也有一些博物馆将开发设计的重点放在了现代社会的"时尚""酷炫""科技"上，设计出的文化创意产品抛弃文物固有的历史文化符号，使博物馆文化创意产品丧失了文化传承与创新的价值。在博物馆文化创意产品设计过程中，应具有时间思维，应该将过去、现在和未来相统一，在产品创意设计上都有所体现，不能顾此失彼。要在历史积淀与文化传承的基础上，结合当代背景下的新潮事物，设计出畅销的博物馆文化创意产品。

空间是指物理上的空间，也指文化传播所处的一个场域。中国地大物博，区域差异性明显，博物馆数量众多，大大小小分布在全国各地。不同的博物馆即不同的空间，拥有地方特色的藏品与丰富多彩的文化内涵。地区的差异性代表着不同的文化传承，因此博物馆文化创意产品开发设计不能依靠模仿、复制、粘贴来进行，应该充分考虑到地区文化差异，充分认识到地区空间的独特性，在文化创意产品设计中立足于地方文化特色，努力打造具有独特性的文化创意产品，使文物的空间性特征在产品上有所体现；另外，在博物馆文化创意产品的营销推广过程中，传播的产品信息也要体现一定的区域性文化特征。比如，故宫博物院所处空间为明清两代皇帝办公居住的场所，设计师抓住这一空间特性，将皇帝、娘娘、格格等 IP 形象巧妙运用到文化创意产品设计与营销传播过程中，不仅彰显产品的历史文化内涵，而且也传达了产品独有的时空特性。这也是其他博物馆不能简单模仿故宫博物院文化创意产品的原因。

总起来说，博物馆文化创意产品设计应考虑时间和空间两个维度，适当考虑过去、现在与未来；充分考虑文物所处空间的独特性，在时空层面为文化创意产品设计特有的文化符号，赋予产品更多的地方性、历史性的文化内涵。

2. 事的主体——人与物

人与物是"事"的主体，是设计活动的主语与宾语，主动与被动。对博物馆文化创意产品设计而言，事的主体为消费者与文化创意产品，是产品设计的故事情境中最重要的部分。

消费者是"事"的设计的核心，如果没有消费者，文化创意产品设计情境就会不完整。在进行博物馆文化创意产品创意设计时，人应该是具体的，是有明确具体属性的——性别、年龄、职业、文化程度、经济状况、身份地位等。通过这些属性的确认，才能进一步了解消费者特征，准确把握其需求。当然这种需求也是多层次的。所以，在设计博物馆文化创意产品前，必须首先了解明确产品的目标消费者是谁，其人口特征、消费心理与行为特征如何，尤其要研究目标消费者的消费需求与购买决策心理，然后再设计产品。比如，目标消费者是青少年，产品一般选用比较鲜艳的色彩与夸张的表现形式。

博物馆文物都是有故事的，而故事是有情景的，是和一定的历史人物、历史场景相联系的。设计事理学中理解的物，不仅具有有形的功能属性，也需要具有无形的精神属性。博物馆文化创意产品设计重点要考虑的是目标消费者精神文化层面的需求满足、心理层面的互动沟通。美国认知心理学家唐纳德·A.诺曼在其所著《情感化设计》一书中提出："设计里包含的情感成分可能比实用成分对产品的成功更重要。"博物馆文化创意产品有得天独厚的历史文化内涵，每一个文物背后都有生动的故事，设计师要充分挖掘文物背后的历史文化故事，赋予文化创意产品更多的历史文化符号价值，讲好博物馆文化创意产品的故事，用鲜活的历史文化及生动的故事吸引消费者，打动消费者，强化产品的消费体验，使产品具有故事和灵魂。故宫博物院的"皇帝卖萌"系列文化创意产品，在设计上打破了古代皇帝古板威严的固有形象，对其形象做了一些现代网红式的"卖萌"设计，用皇帝的一些卖萌行为来亲近消费者，使消费者喜欢这种反差萌的文化创意产品，让皇帝成为新时代的"网红"，深受消费者追捧。

3. 事的过程——行为与信息

行为与信息是联结人与物之间的纽带，是"事"的过程，是一个循环系统，是一个轮回。

设计"事"不仅仅是产品设计前的事情，而是一个完整的故事情境，在博物馆文化创意产品设计完成并开始售卖后，消费者的行为也是构建整个"事"的重要过程。这个过程，行为与信息是密不可分的。产品所传达的信息，影响消费者决策与行为，而消费者的行为又能反馈出有效信息。这样的过程，是信息交换与行为互动的过程。从这个过程，产品能否有效传达信息，促进购买行为，能否通过行为得到有效反馈信息，从而再进一步改进文化创意产品设计，是我们思考的重点。

博物馆文化创意产品的宣传能否有效传达产品所蕴含的文化信息、创意信息，是产品营销过程中必须要解决的重要问题。在走访调查多个地方博物馆后，我们发现各地博物馆文化创意产品的传播能力呈现两极分化现象。较少一部分博物馆走在时代前沿，开通了多个自媒体平台，包括博物馆官网、微信订阅号或公众号、官方微博，以及设计师、销售人员等的微信、微博、微信社群等，并且用心建设经营，不仅粉丝数量达到几万、几十万，甚至数百万，而且用户黏性还比较高，忠诚粉丝数量还比较多，对产品销售产生非常大的促进作用。但是，大多数博物馆还是主要依靠线下店铺进行销售推广，营销力较弱。如今，信息传播已进入互联网时代，尤其是移动互联网的快速发展，为博物馆文化创意产品传播推广提供了极大的便利条件，网络传播手段的多样性与互动性也极大增强了信息传播的精准性与有效性。在这方面，故宫博物院无疑又走在了众多博物馆的前列。从 2015 年起，故宫博物院在推出系列文化创意产品的同时，还开发设计了多个 App、网站小游戏、线上店铺、微信小程序等，积极运用网络媒体、大数据、人工智能、云计算等新技术锁定目标消费者，准确把握其消费心理与媒体接触行为，积极开展智能营销，使推向市场的系列文化创意产品销售非常火爆。另外，消费者对博物馆文化创意产品的消费行为与评价信息也会不断通过网络不断反馈给设计师，设计师再将这些信息消化吸收，运用到产品的改进设计或下一个产品的再开发设计中，进入下一个循环。

总之，以上"事"的结构要素分析，都是基于要设计的"物"。"事"与"物"相互联系、相互影响，不能脱离要设计的产品分析其应该创造的故事情境，同样，也不能脱离"事"去塑造"物"。

从设计事理学的角度探析博物馆文化创意产品设计，使博物馆文化创意产品设计从以往对"物"的设计技法层面提升到对"事"的设计方法论层面，从单纯的设计行为延伸到设计思维模式，使博物馆文化创意产品设计研究进入更加开阔的设计新境界。从设计"物"转变到设计"事"，打破了当下博物馆文化创意产品设计思维相对僵化的局面，使设计师在设计过程中，不仅思考"事"的背景——时间与空间，而且要思考"事"的主体——人和物，更要把握"事"的过程——行为与信息，从而拒绝设计中的"复制粘贴"现象；从"事"的结构要素及其关系中思考，赋予产品独特的时空特性、突出的文化符号特征及艺术审美价值，讲好产品背后的文化故事，就能创意设计出深受目标消费者喜爱的文化创意产品。

六、消费者需求角度的博物馆文化创意产品开发设计

博物馆拥有丰富的文化资源，具备文化传承、知识教育、价值观引导等多重公共职能，在社会生活和文化传播中扮演着重要的角色。博物馆开发文化创意产品，既能够很好地宣传博物馆文化，又能提升经济效益，解决博物馆发展中资金不足的问题。同时，还可以完善博物馆的造血功能，实现持续稳定的发展。所以博物馆要解决当前文化创意产品开发中存在的问题，采取有效措施，推动博物馆文化创意产品的开发工作。

（一）以效用理论对消费者需求进行分析

效用理论认为，消费者从某种商品或服务中获得的满足程度可以用"效用"进行衡量，这种满足程度取决于消费者的主观性评价。效用理论更多是针对物质商品，随着消费者对物质商品消费量的增加，消费者从每一单位商品消费中获得的效用是递减的，即遵循所谓的"边际效用递减"规律。但有学者发现，有些商品的消费并不遵循这一规律，如音乐、艺术品等商品存在消费上瘾效应，即随着消费者对这种商品消费量的增加，消费者更加倾向于消费这种商品。斯蒂格勒等对这一现象进行了解释，他们认为这种边际效用不减反增是缘于消费者欣赏这类商品的能力提高了，反过来会促进消费者消费。事实上根据观察可以发现，那些具有消费上瘾效应的商品绝大多数是具有一定文化内涵的商品，即创意产品。消费者消费的并不是纯粹的商品，更多是消费其中的文化，得到精神上的极大满足。进一步说，对消费者而言，随着对这种创意产品消费量的增加，消费者对创意产品所蕴含的文化了解越加深入，对这种商品所具有的文化解读也就越加透彻，进而反过来激发消费者更

大的兴趣，强化对这种商品的消费偏好。由消费者消费文化而获得的满足程度，同样可以用效用衡量，而这种效用不同于传统意义上的效用，其边际效用是递增的。为了与传统意义上的效用做区别，故将它称为"文化效用"。1943 年，美国著名心理学家、人本主义心理学的发起者亚伯拉罕·马斯洛曾在《人类动机理论》一书中，把人类的需求从低到高依次划分为生理需求、安全需求、社交需求、尊重需求和自我实现需求五个层次。他认为人们在满足了较低层次的需求之后，高层次的需求将会逐渐显现出来，由物质层需求为主逐渐转为精神层。创意产品是满足消费者精神需求的一种商品，因此消费者对创意产品的需求必将日益增加，消费者文化效用将日益显现。由于消费者文化背景、文化价值观的不同，使消费者产生不同的文化偏好。在消费者愈加重视文化效用的情况下，这种文化偏好必然会使消费者主动介入创意产品的开发过程中，或者创意企业在开发创意产品时，主动寻求与消费者合作，即创意企业与消费者共同创造价值。

通过"效用理论"进行分析，可以更加肯定消费者对文化创意产品的需求，很大的原因在于文化创意产品蕴含的文化资源。文化资源是创意产品生成之源，所以创意人员对这种文化资源的解读和重新编码而形成的文化意义，正是创意产品显著区别于一般产品的所在。创意产品品质和价值主要由文化价值决定，而与文化价值密切相关的是创意产品的创作素材，即文化资源。所以要设计出让消费者认可的文化创意产品，就必须利用好博物馆丰富的文化资源，只有将文化这一概念完全嵌入产品中，才能将文化创意产品从普通商品中脱离出来，发挥其最大的价值。

（二）从消费者需求角度出发的博物馆文化创意产品设计策略

1. 不盲从，找准市场定位

一款文化创意产品从设计思路的提出、文化资源的提取，到产品的定位，都需要进行全面缜密的调查研究，从而制定出文化创意产品的开发任务，设计出合理的产品开发计划，以提高开发的成功率，避免产品在开发过程中由于各种因素而不能投入生产的情况出现，或产品开发出来却不被市场认可。此外，还要认真做好消费者调研工作，充分了解并掌握消费者的不同需求与习惯，通过精准定位、细分市场，确保开发与设计的文化创意产品满足消费者的需求。多从消费者的角度做出综合分析，以生活美学为视角，让博物馆文化创意产品真正融入消费者的生活中。文化创意产品的开发不能盲从，不能急于求成，要找准市场定位，从消费者的需求出发，设计出市场要求的、美观的、功能性兼具的文化创意产品。

2. 巧妙构思，注重个性化生产

博物馆文化创意产品区别于一般商品在于它承载着历史和文化价值，这种独特性是吸引消费者购买的主要因素。当今社会急速发展，人们的消费观念开始倾向于个性化，精神追求也不再满足于千篇一律的工业化产品。博物馆的文化创意产品嵌入了历史、文化等元素，这样的产品能快速地吸引消费者的眼球。博物馆在文化创意产品的研发过程中，应运用独特的设计风格，巧妙融入博物馆的文物特色或者是当地文化特色，让文化创意产品成

为博物馆或者是其所在城市的缩影，满足观众"把文物带回家"的美好愿望。

3. 深度发掘，加强对文化资源的利用

博物馆内收藏的各种文化资源既具有文化的内涵，又具有资产的属性。利用博物馆藏品的文化内涵制造商品并使其产业化，可以创造经济效益，并在一定程度上解决博物馆的资金问题。作为文化创意产品开发设计人员，一定要对馆藏文物进行深入研究，只有在了解其文化内涵的基础上，才能在设计过程中更好地将产品与馆藏文化相结合。要选择博物馆具有代表性的文化资源作为开发设计的灵感来源和价值载体，但同时也要避免使博物馆进入纯粹商业化、形式化泥潭，要在保留博物馆原有价值的基础上，对资源进行再创造。在挖掘消费者喜爱的、容易接受的文化资源的同时，也要注意文化资源自身蕴含的文化内容深度和文化价值高度。选择的文化资源要有针对性，要从消费者的角度出发，根据不同文化层次、知识背景的消费群体，开发符合大众消费心理、美观实用、有内涵的博物馆文化创意产品。

文化创意产品商店被称为博物馆的"最后一个展厅"，文化创意产品被看作一种具备文化理念的符号，它有利于更多的人了解博物馆。通过文化创意产品消费这种文化的传递，才能顺利地将博物馆文化普及到社会的每一个角落，使人们的文化素质在潜移默化中得到提升，有利于博物馆文化的传承和发扬。要立足于博物馆丰富的文化资源，从消费者需求的角度出发，开发出品种丰富、实用性与艺术性兼具的文化创意产品，最大化地传递文物背后的中华文明。

第四节　博物馆文化创意产品开发设计的创新思路

博物馆文化创意产品具有四个主要特征，即特殊性、独特性、传播性和创新性。博物馆文化创意产品的主要载体就是物质产品，这也是人们能够接受和获取的产品，同时也是博物馆传播文化的途径和方式，能够使人们了解产品背后所包含的文化价值，更好地体现出博物馆的文化底蕴，有利于人们的教育学习，同时还能够使博物馆更加贴近于人民群众，从而实现博物馆社会影响力的进一步扩大。

博物馆文化创意产品开发设计的原则

（一）注重日常美学的融入

目前，很多博物馆内的产品只专注于复制藏品，产品的形式也较为单一和单调，严重降低了产品的使用价值，同时还极大地降低了产品的审美价值，消费者在购买这些产品后也往往是束之高阁，极大地制约了博物馆文化产品的研发。因此，在进行产品的开发设计过程中，需要注重日常美学的融入，在人们可以接受的范围内进行更多样化的形式创新。

例如，台北故宫博物院推行出一款创意产品，即"朕知道了"胶带，胶带上的图案是由康熙皇帝亲手写的，虽然这只是一个平凡、简单的日常用品，但是其采用的是康熙皇帝的御批手迹，使人们能够在这个物品上体验到传统的宫廷文化。

（二）传播独特的文化

博物馆文化不能仅仅体现在传播馆藏文化的文化特征，而是应该广泛传播一个国家、地域、民族的文化。传播文化一个最重要的手段就是利用博物馆文化创意产品，文化创意产品不仅能够传播出整个博物馆的文化内涵，还能够满足当今社会流行文化的消费需求。

（三）塑造品牌个性

由于博物馆文化创意产品较为特殊，因此在进行开发设计的过程中，不仅要考虑到当地的市场状况，而且需要考虑到本地的文化特色，塑造一个全新的品牌，这样有利于品牌后期的开发与建设。如今，博物馆开始走向市场，需要不断改变博物馆的经营模式，积极学习商品品牌的系统理论，充分利用本地特有的文化资源来开发和设计文化创意产品，制定合理有效的品牌推广策略，为博物馆打造一个个性化的品牌。

（四）优化消费体验

博物馆文化创意产品需要满足消费者的需求，为消费者提供一个优质的体验，尽可能地提高文化创意产品的价值，为消费者提供良好的服务体验。因此，博物馆文化创意产品的开发和设计需要具有针对性，消费者的文化程度、文化修养、年龄、职业、性别都不同，因此产品的设计和开发需要考虑到这些消费者的心理，让消费者能够买到心仪产品的同时，还能给获得最佳的学习、娱乐活动体验。

二、博物馆文化创意产品开发设计的创意思路

（一）更新开发理念，创新管理模式

首先，博物馆需要认识到更新换代的重要性，积极学习先进的开发理念，参考发达国家的管理模式，利用博物馆多元化的资源，尽可能地提高创意产品的价值。不断地创新、改进和完善管理模式，做到始终坚持社会效益第一、经济效益第二的原则，保证博物馆的资源能够得到新的活力，焕发出新的生机。其次，还需要积极争取社会力量的帮助，解决文化创意产品开发和设计资金短缺的情况，保证产品开发设计工作的稳步推进。

（二）注重政策引导，完善法律法规

创意经济政策能够保证和促使文化创意产业的蓬勃发展，因此，博物馆要想保证文化创意产品开发设计工作的稳步推进，就需要制定好更加科学、全面、长远的发展策略和规划。首先，相关部门需要及时制定针对博物馆资源商业开发的相关政策和规划，为博物馆开发和设计文化创意产品提供必要的支持。其次，博物馆需要足够重视文化创意产品的开

发与设计，并将其列入博物馆管理体系中。同时还可以针对文化创意产品的开发和设计建立一套完善的考核机制，最大限度地提高工作人员的工作积极性和热情。除此之外，政府相关部门也需要不断完善相关法律法规，为文化创意产品的开发和设计提供一个良好的氛围和环境。

（三）加强人才建设

很多博物馆存在人才缺乏的情况，严重制约了文化创意产品的开发和设计，因此，博物馆需要积极引进专业人才，注重人才队伍的建设；同时还需要注重人才的培养和培训，针对业务技能、应变能力等方面开展培训工作，提高工作人员的专业技能和水平。除此之外，博物馆还可以跨部门、跨领域来进行文化创意产品的开发和设计，多个领域的参与非常有利于文化产品的创新与发展。

总而言之，博物馆在进行文化创意产品的开发和设计过程中，首先需要改变传统的开发理念，积极学习先进的开发理念和经营模式。相关部门需要加快相关法律法规的健全和完善，为产品的开发和设计提供一个优质的外部环境。同时，博物馆还需要注重专业人才的引进，加大培训力度，尽可能地发挥博物馆的积极作用。

第五节　新元素、新技术在文化创意产品设计中的应用

一、语义学在博物馆文化创意产品设计中的应用

博物馆文化创意产品是以博物馆馆藏（或展览）和文化为元素，通过设计开发的具有文化性与创意性的产品。现阶段，博物馆文化创意产品作为博物馆文化的重要衍生品之一，受到了越来越多的关注，而一些问题也随之暴露。

首先，市场定位模糊，博物馆特色不明显。虽然已有故宫博物院、中国国家博物馆为首的一批国家级博物馆将文化创意产品做得风生水起，但大多数博物馆缺乏自主研发能力，文化创意产品只是停留在简单的复制、微缩层面。其次，产品创意不足，缺乏吸引力。博物馆文化创意产品虽然品种繁多，但以纸本、围巾、杯子、钥匙扣等类似的产品居多，不足以吸引公众。而且，对博物馆临展以及特定节庆所推出的衍生品开发不足，文化创意产品更新慢，缺乏创意。最后，文化符号缺失，文化功能不足。博物馆文化创意产品的设计与开发是实现博物馆 IP 资源物化的过程。目前，很多文化创意产品只是通过对文物图案生硬地提取制作而成，未能对文化符号的内涵进行拓展和延伸，没有做到真正使"文物活起来"。

在这种背景下，要想改变博物馆文化创意产品的局限性，就要在设计中转变设计思维，使博物馆文化创意产品根植于中华文化，实现创新性的发展。

（一）语义学在博物馆文化创意产品中的应用

1.语义学的概念

语义学是符号学的重要组成部分，最早由美国符号学家莫里斯提出，他将符号学明确分为语构学、语义学和语用学三部分。在博物馆文化创意产品设计中，语义学实际上是研究设计符号与其象征意义之间的关系。根据索绪尔的二元关系论，就博物馆文化创意产品来说，其"能指"代表的是文化创意产品形式，主要为产品的造型、功能结构、材料肌理等物理存在；而"所指"则是文化创意产品的隐性内容，包括产品风格、产品的美学意义、产品功能、社会意识以及科学水平等，它所传达的是设计师对设计文化创意产品背后的博物馆文化、思想与价值观的表达。文化创意产品符号是借由能指与所指的关系来揭示博物馆文化创意产品的意义。

2.语义学在博物馆文化创意产品设计中的重要性

博物馆文化创意产品是根据馆藏文化而进行设计，是将博物馆所蕴含的文化因素通过产品展示给受众。挖掘博物馆具有代表性的文化符号，是文化创意产品设计与开发的基础，如何将传统文化符号或内容转化为现代的产品，为受众所喜爱，这就需要设计师在对博物馆文化进行深入研究的基础上，通过一定的载体和文化符号实现博物馆文化资源的物化。在语义学指导下的博物馆文化创意产品设计，是从"能指"与"所指"这两个方面对文化创意产品与博物馆文化进行匹配，通过让文化创意产品"说话"，传达其深层意义。在文化创意产品设计中，结合语义学的主要目的是将文化符号作为博物馆文化的具象化的手段，利用语义学的形式与文化创意产品的功能语境，使用语境相配合，使文化符号与文化创意产品相得益彰。

（二）故宫博物院文化创意产品语义学特征解析

关于语义学研究符号能指与所指的关系问题，在博物馆文化创意产品中，能指可视为产品的形式，所指可视为产品的内容。换言之，人们通过感觉器官来体验博物馆文化创意产品所反映的特征，继而通过对表现特征的认识来理解文化创意产品的内容。在皮尔斯的理论中，按能指与所指的关系，可以将符号分为图像符号、指示符号与象征符号三类，对应博物馆文化创意产品来说，它们具有不同的意义和特征。

1.图像符号

图像符号指博物馆文化创意产品的形式与表达内容之间具有形象相似性，借用已具有意义的事物来表达文化创意产品的意义。在故宫博物院文化创意产品中，有些产品的装饰图像和结构形式通过对馆藏文物或历史人物形象进行引用、抽象、简化的处理，作用在文化创意产品形体上。例如，故宫文化创意产品中的太平有象书签，产品造型源于故宫博物院院藏清代錾胎珐琅太平有象，设计师选取珐琅器中宝瓶以及"太平有象"的吉祥形象进行几何抽象，使精密繁复的珐琅彩被简化为色彩斑斓的几何纹样，在满足产品功能的同时，传承了博物馆文化。

图像符号作为博物馆文化创意产品内容意指的主要方式，在故宫文创中得到广泛应用，这一类的文化符号主要是基于对形式美、视觉效果的考虑，利用图像纹样或其复合体来表达文化创意产品的意义。

2. 指示符号

指示符号指博物馆文化创意产品形式与意义的内容之间有实质的、因果的、空间的或逻辑的关系。皮尔斯指出："指示符号是这样一种符号，它之所以指称某对象，凭的是受此对象的影响（being affected by）。"指示符号是故宫文化创意产品中最基础的符号，也是设计师表达设计手法的重要展示元素。最典型的就是由故宫博物院出版社推出的《故宫日历》，后来《故宫日历》重新设计出版，以生肖图案为主题，并增加了文物赏析设计，串联各个日期、节气，强化了时间性指示功能，体现了现实与历史的传承与演变，具有造型新颖、功能丰富的特点。另外，故宫博物院善用文字性指示符号，将文字书写在文化创意产品外观醒目的位置上，以诙谐幽默的方式意指文化创意产品的功能特点。

3. 象征符号

象征符号指博物馆文化创意产品形式和意义之间并无直接联系，而是依靠约定俗成的理解产生某种观念的联想，具有抽象或隐喻象征的作用。象征符号在博物馆文化创意产品中的运用，大大丰富了文化创意产品的内容，使它不再是一个纯粹的工业产品，而且具有文化意义。

（1）产品造型的象征意义。这一类的象征属于抽象象征，指用某种可以直觉或想象的图像表示或暗示某种不可见的意蕴。在故宫博物院文化创意产品设计中，产品造型通过对博物院建筑、院藏等进行抽象、简化来表现故宫以及中国传统文化的意义。例如，"事事如意"茶具的造型源于故宫院藏文物《岁朝佳兆图》中的柿子形象，整套茶具饱满润泽，在壶盖处特地采用了柿蒂的造型，融入"事事如意，时时称心"的寓意，将福佑从宫廷向外自由延伸。

（2）装饰图案的象征意义。故宫博物院文化创意产品中的装饰图案主要分为抽象性符号和寓意象征形象两种。抽象符号有牡丹纹、缠枝纹、龙云纹、花鸟纹、万字纹，以及福、禄、寿等吉祥文字，这些符号形式变化多样，且带有祥兆之意。寓意象征形象有龙纹，象征神武与权力，凤纹象征祥瑞，云鹤纹有延年益寿之意，莲花纹象征着纯洁，葫芦纹有吉祥兴旺之意；此外，还有鸿雁、枝梅、鸳鸯、鹿、鲤鱼、双兽等。这些符号与形象通过不同的变形与组合，使文创作品体现出独特的装饰特点以及意蕴。

（3）色彩的象征意义。在中国传统文化中，色彩不仅是礼仪宗教、伦理哲学、文学艺术以及思想观念的反馈，而且也是中国传统文化的精髓之一。故宫博物院文化创意产品色彩的设计极为考究，正是对中国传统色彩美学理论的巧妙运用，以此来表达文化创意产品的思想，在满足使用功能的同时也满足着社会、文化的"隐形"需求。

（三）基于语义学的博物馆文化创意产品设计

博物馆文化创意产品来源于文化，也代表着文化，是人们"带回家的博物馆"。基于语义学的博物馆文化创意产品设计，是在语义学的指导下，提取博物馆文化符号，并将其编码与产品语义的能指和所指相匹配的过程。在这个过程中，应该结合语境将博物馆传统文化符号或内容转化为当代人所能接受和喜爱的产品，这样才能更好地体现文化创意产品的价值。

1. 提取博物馆标识性符号

博物馆作为中华传统文化的资源宝库，具有丰富性和独特性的特点，给予了文化创意产品丰厚的灵感来源。如何挖掘博物馆极具代表性的符号，是文化创意产品设计开发的基础。博物馆是以地域文化为背景，依托遗址以及馆藏而建立，因此博物馆明星馆藏以及建筑都可以成为其文化创意产品设计的标识性符号，如罗浮宫博物院利用其明星馆藏《蒙娜丽莎》开发了一系列的文化创意产品以及专题导览手册，使其深入人心。博物馆文化创意产品对博物馆的标识性符号进行强化与传播，明确了文化创意产品定位与自身特点，可以更好地将产品语义传达给受众。

2. 提取博物馆符号的"所指"

博物馆文化创意产品区别于普通文化创意产品的原因，是将博物馆独有的历史文化注入产品之中，同时具备"能指"与"所指"的功能，成为沟通博物馆与受众之间的桥梁。中国传统文化底蕴深厚，无论是图形符号还是色彩符号都有其特殊的意蕴，因此对博物馆符号的提取，不能简单地理解为是对某个纹样或图案的提取与复制，而是对文化元素进行综合设计。

中国传统文化具有极为丰富的符号学内涵，因此根植于这种文化背景中的中国符号学研究，从起步就显示出与众不同的勃勃生机。在我国博物馆文化创意产品的设计过程中，更应充分考虑其背后所蕴含中华文化元素，结合图像符号、指示符号和象征符号，使文化创意产品的语义得到充分表现。

3. 提取不同语境的符号

语境的不同，符号主体的不同以及解释者的不同都会导致符号传达意义的不同，因此博物馆文化创意产品的设计要结合产品的使用语境、功能语境，将产品语义准确地表达出来。对博物馆来说，就是要利用语义学的原理，把自身的历史文化资源转化为现代文化创意产品，调和、衔接传统与现代之间的矛盾。例如，大英博物馆结合馆藏推出的小黄鸭系列文化创意产品，将博物馆文化元素与现代受众记忆点相结合，既满足了文化创意产品的语义功能，又为博物馆文创注入了新的生机与活力。

除这一类创新性的产品以外，也要注重情感类文化创意产品的开发，如在春节、情人节、母亲节等特殊节日里开发跟人们情感相关的博物馆文化创意产品，往往会激发受众的购买愿望，同时也能传达文化创意产品的内涵，体现特定社会的价值取向和时代感。

当前，我国博物馆文化创意产品虽有所发展，但仍然在产品特色、创意、品质等方面存在不足。通过语义学在博物馆文化创意产品设计中的合理利用，确立博物馆自身标识性的文化符号，对文化创意产品从能指与所指两个方面进行设计，将文化资源转化为物化产品，为博物馆文化创意产品的开发提供了科学的策略。同时，也有利于博物馆传播自身的文化，发挥其教育、宣传功能，实现新的时代价值。

二、中国风尚在博物馆文化创意产品设计中的运用

（一）从"全球化"视域看中国风尚的演变

1. 17—18 世纪盛行于欧洲的中国风

17—18 世纪盛行于欧洲的中国风，主要盛行于上流社会且价格高昂，受众人群少；主要通过对器物和著名游记记录去了解中国，比较单一、片面。由于每个国家的背景不一样，中国风的表现也不尽相同。

2. 19—20 世纪的中国风

19 世纪由于外国列强侵略，我国大量精美的器物以及文献资料流传出去，使欧美等国家对中国的艺术有了进一步的了解，不只是停留在"物"的表象。20 世纪，国外大学成立专门研究中国艺术的研究机构，加上考古学等的发展，使更多的人去关注、探讨"物"背后的研究价值。

3. 21 世纪的中国风尚

21 世纪的中国风尚，更多的是代表当下的一种态度，价值认同感，人们自省意识开始崛起。21 世纪，中国的快速发展使中国风再一次走向世界的舞台中央，吸引了更多的本土设计师以及外来设计师的关注，国人不断意识到传统符号与传统文化的价值。而博物馆作为文化资源的重要聚集中心，拥有得天独厚的资源优势，无疑是设计师对中国风设计灵感来源地的不二之选。

（二）发展博物馆文化创意产品设计的意义

1. 文化市场的需求

博物馆的文创激情，被政府一连串的政策彻底点燃，国务院、国家文物局及相关部委密集出台一系列文件和措施，更加重视博物馆的发展，让市场发力。鼓励博物馆依托馆藏资源，大力发展文创产业，积极探索文物活起来的有效途径。首次将文化行业纳入国家 PPP 推广战略；2020 年培育 1 000 个左右具有休闲旅游、商贸物流、现代制造、教育科技、传统文化、美丽宜居的特色小镇等各种文化产业政策的推动，促使了文化创意产品黄金时代的到来。而博物馆有着丰富的典藏品的数量和高度的文化典藏价值，然而以实物展览为

主的传播具有一定的局限性。不仅使博物馆的传播功能受到局限，也无法拓展博物馆信息的深度和广度，更无法满足大众现今更为多元化的需求。因此，文化创意产品设计作为博物馆辅助的传播手段，无疑成为博物馆文化内涵的最好方式。配合相应主题的文化创意产品，在博物馆内或合作场所销售，让参观者可以将"展品"带回家，搭建了大众与馆藏品的桥梁，使之对历史和文化的特殊情节移情于文化创意产品上，既感受了博物馆的文化熏陶，又有良好的替代作用。

2. 博物馆实现持久经营的需要

博物馆要想实现持久经营，首先需要拥有足够的经费来保障博物馆的运营，因此，借由博物馆产品的开发来为自身获得经济效益不失为博物馆的有效经济增长途径。以台北故宫为例，仅推出的"Old is New"专案设计开发的产品，一年内销售将近 20 000 个，取得约 8 500 000 元的业绩，占总营收的 9%。而博物馆文化创意产品传播越广，对博物馆的社会影响力也就越大，所带来的经济效益也会随之提高。在实现博物馆的持久经营的同时，通过文化创意产品所创造的资金，对博物馆藏品的研究、展示、教育、发展等方面可进行有效的再分配。

（三）中国风尚在博物馆文化创意产品设计中的运用

1. 以"形"立意的产品表达

以"形"立意的产品设计，主要是指对藏品的直接复制。往往会选择代表性藏品为对象，对其进行完整的复制或局部元素的复制。其优点在于对藏品宣传的同时，也是以一种新的方式展示藏品，多为纪念收藏之用。

2. 以"意"立意的产品表达

以"意"立意的产品设计主要是除满足消费者对产品功能的基本需求外，在产品的使用定位与感觉认知上，赋予产品意义方面的信息传达，将产品的内部意义透过造型语意与符号的诠释，让消费者理解、感动，成为博物馆与大众信息沟通的传达媒介。

3. 以"尚"立意的产品表达

以"尚"立意的产品设计主要是结合当下流行的元素，通过与博物馆藏品有趣的元素提取，二者进行融合碰撞，使产品变得时尚、好玩，进一步吸引更多的消费群体，快速传播进一步增加博物馆的经济效益，更好地优化产品。

我国博物馆文化创意产品设计目前还处于起步、探索、培育、发展的初步阶段，基础较薄弱，整体水平不高，与博物馆文化创意产品设计发达国家相比差距很大。且大多数的产品设计比较雷同、产品线单一，缺乏创新以及缺失对产品文化内涵的挖掘和消费者的交流沟通。而欧美国家的文化创意产品现阶段的设计基本是基于博物馆藏品和主题之上的，欧美博物馆把"从藏品中获得灵感"作为博物馆文化创意产品设计开发的重要切入点：使博物馆在传播历史文化的同时，为博物馆本身带来丰厚的经济价值，切实地做到了以文养文的目标。大英博物馆推出的小黄鸭系列，充分融入英国本土文化，深受人们的喜爱。我们在发展文化创意产品时，不仅要着眼于世界，更要立足于我们的文化根基，使更多的藏品在走进千家万户的同时，让人们了解背后的更多文化内涵。

三、3D 打印技术在博物馆文化创意产品设计中的应用

设计是为人的生活各方面服务的，设计出来的产品带有设计师的情感态度以及美学内涵，但是现实生活中由于制作工艺的限制以及生产经费有限，设计师在做设计图时往往先考虑是否可以生产出来的问题。随着科学技术的进步，3D 打印技术的出现无疑是这一问题最好的解决办法。3D 打印技术可以实现超高难度的设计外观形态产品，同时可以个性化、小批量生产，此外具有不受地域、时间限制的特点。如果将此技术应用到博物馆产品设计中，将有利于提高博物馆文化创意产品设计水平和拓展博物馆的社会功能。

（一）博物馆文化创意产品设计开发现状

2015 年 3 月，国务院办公厅公布了《博物馆条例》，标志着我国博物馆建设、发展、管理进入法治阶段，明确了国家鼓励博物馆发展的思路。2016 年又相继颁发了系列政策，鼓励博物馆多角度、多元化开发博物馆资源，为博物馆文化创意产品设计开发提供了政策支持，使其成为一个完整、成熟的产业链。

近年来，政府相关部门大力支持博物馆各项工作，尤其是扩大博物馆的社会职能，因此推出一系列文化创意产品便成为首要解决的事情。近几年，具有代表性的是北京故宫博物院和台北故宫博物院开发的文化创意产品，其在开发模式、产品形式、宣传推广、营销渠道上都有很大进步，如故宫博物院的"朝珠耳机"、乾隆"朕亦甚想你"折扇、"故宫日历"；台北故宫博物院的"翡翠白菜钥匙扣"、"朕知道了"创意胶带等文化创意产品。但是从全国范围来讲，文化创意产品的设计开发应用水平普遍不高。

目前，国内博物馆文化创意产品在设计开发模式、产品形式、宣传推广和营销渠道四个方面逐渐形成一个完整的产业链阶段。具体来讲，设计开发模式有两种：一是博物馆与企业、公司、各高等院校合作；二是自主开发。产品形式有两种：一是实物，具有实用功能的日常文化用品；二是新媒体，采用博物馆文化元素或者符号进行 IP 形象、游戏、动画短片、视频等来推广博物馆文化。宣传推广有两种：线下和线上相结合。线下具体有展览、讲座、记者发布会等；线上利用微博、微信、客户端 App 等。营销渠道有两种：实体和"互联网 +"模式相结合，如北京故宫博物院有淘宝店，文化创意产品定期更新，具体有文房书籍、生活潮品、卡通人物娃娃、宫廷饰品、文化衫等。理论上是比较完善成熟的，但是实际执行过程中也会出现各种问题。首先，文化创意产品种类单一，依旧采用传统模式，重复几种产品；其次，特色不够突出，和其他博物馆文化创意产品没有区别开；最后，实用性不强，质量参差不齐。

（二）3D 打印技术以及应用领域

1. 3D 打印技术的定义及相关概念

3D 打印是快速成型技术的一种，又名增材制造技术，与传统的产品生产工艺有很大不同。借助 3D 打印机打印产品，类似普通打印机的制作方式，不过使用的是液态或者粉末状的塑料、金属、陶瓷等原材料，接着利用计算机辅助设计软件（3 DMAX/C AD 等）建好需要打印的物体 3D 模型，然后使用 3D 打印机开始打印，通常采用逐层叠加的方式黏合原材料，如果物体很大，可以分段打印，最终拼接出一个三维立体物体。

根据打印机的技术原理，可将 3D 打印机分为三种：第一种是熔融沉积成型技术——FDM 3D 打印机，主要采用塑料为原材料，3D 打印机的配置和型号有多种选择，打印机的价格相对便宜，个人也可以负担得起。缺点是打印的产品不够精细，但是采用的原材料应用面比较广泛，产品可以回收再利用再生产，同时这种 3D 打印机是目前社会中使用最普遍的一种。主要打印尺寸在 10~1 000mm 的产品，更大的产品可以选择拼接成型。第二种是光固化成型技术——SLA 3D 打印机，主要采用光敏树脂为原材料，这类打印机主要是从国外购买，打印机的价格相对高一些，在几万元到几十万元不等。缺点是脆，不易保存，但是打印的产品精度高，适合打印牙齿、戒指首饰等精细度高的产品。第三种是激光选区烧结技术——SLS 3D 打印机，采用金属粉末为原材料，目前我国生产这类打印机的工厂基本没有，打印机主要是从国外购买，价格很高，一般公司和企业不会购买，主要是大型工业企业选购。3D 打印机可根据自己要打印的产品成型尺寸、打印精细度、打印原材料，有针对性地选择适合自己的 3D 打印机。

2. 3D 打印技术的应用领域

20 世纪 80 年代，世界上突然涌现出一股科技潮流，其中就有 3D 打印技术。近几年，我国 3D 打印技术快速发展，我们生活的各个领域都出现 3D 打印技术产品，尤其是在医学、工业设计、文化艺术、教育、航天科技、汽车行业、建筑、军事、考古等行业。

在医学行业，使用 3D 打印技术打印牙齿和其他骨骼模型，以及制药，解决了药品发潮变质、过期等问题。在工业设计行业，可以使用 3D 打印技术打印一些传统工艺解决不了的工业机械零件。在文化艺术领域，艺术家借助 3D 打印技术创作出具有创新性的作品。在教育行业，可以利用 3D 打印技术开发更多实践体验课供学习者选择。在航天科技领域，可以使用 3D 打印技术制造高难度零件，同时可以降低生产成本。在汽车和建筑行业，借助 3D 打印技术可以解决不可再生资源问题。在历史文物领域，使用 3D 打印技术可以复原珍贵文物，尤其是易碎文物等。3D 打印技术已在多家博物馆用于复制文物和公益活动。例如，国内三星堆博物馆借助该技术对文物进行保护性复制；河南博物院则将 3D 打印技术应用于教育活动，让孩子们能动地体会到制作模型的乐趣。目前，博物馆文化创意产品制作也开始使用 3D 打印技术，如英国国家博物馆和 3D 公司合作，推出一项服务，消费者可以从博物馆网站中下载雕塑和艺术品的 3D 模型，使用 3D 打印机自行打印，可以打印自己喜欢的或者是平时不会展出的文物，留作收藏或者赠送亲友，为博物馆文化推广拓展指出新的方向。

(三)3D打印技术在博物馆文化创意产品设计中的应用分析

1.3D打印技术在博物馆文化创意产品中的优势

首先是体验多元化，传统参观博物馆文物都是隔着玻璃看的，因为博物馆文物都是很珍贵的，文物一般都是在特定的玻璃罩里面供参观者观看。3D打印产品消费者可以拿在手中观看抚摸，延伸了对文物的更多体验。其次是地域方面，传统的生产方式是开模生产，需要有大型生产线做支撑，我国东部明显比西部基础条件要好，同时开模工艺制作难度高，需要成本较高。3D打印产品不受时间和地点的限制，各地区适应性强，灵活性高，只需要有一台电脑和一台3D打印机就可以满足生产需要。3D打印产品即增材制造方式，可以先制作出小批量样品供消费者挑选，使用原材料少，降低了能耗，节约了人力、物力和生产成本。最后，也是很重要的一点，关于产品造型问题，设计师绘制一个效果图，传统制作方式会出现产品做不出来的尴尬情况；3D打印技术可以打印出外观形态很复杂的产品，如跑车、公共空间灯饰、灯具。

2.将博物馆文物"带回家"

基于我国经济的快速增长，人们对精神文化需求量很大，节假日组团去博物馆看展览已成为社会潮流，看完展览很多参观者有把藏品"带回家"的冲动。假如博物馆或者参观者使用3D打印技术将这些文物复制出一个三维立体模型，立体文物模型这项服务将会带给参观者全新的观展体验，将博物馆的社会功能发挥到最大值。

3.3D打印博物馆文化创意产品可选材质多元化

博物馆文化创意产品的材质选择是设计过程中的一个重要环节，不同的材质选择表达出不一样的设计效果，同时不同的材质选择会给消费者不一样的触觉体验。博物馆文物都是历史上流传下来的精品，制作工艺难度大且复杂，采用传统的制作工艺可能实现不了完美的复制，而且材料的选用单一。3D打印技术可以选用多种原材料制作，不同文物可以选用不同的材料表达其内在精神气质。

4.3D打印博物馆文化创意产品激发参观者的学习兴趣

在教育体验活动中，3D打印技术可以制作出一些拼装的文物模型，家长和孩子一起拼装完成，在这个过程中，增进了家长和孩子之间的感情。当然，博物馆文物模型需要设计师采用一些创新方法进行设计，如文物差异化设计、体验型设计等，让消费者体验到文化存在感和普遍性，产生情感共鸣，增强民族自豪感。

新时代产品设计需要新方法。当下私人订制已成为一种社会风尚，使用3D打印技术在博物馆文化创意产品设计制作中开发应用将会给消费者带来新的感受和体验。在博物馆角度下，如何利用3D打印等新技术开发文化创意产品，同时在各方面有更多的创新，将是设计师和博物馆文化创意产品相关人员需要思考的问题。在博物馆文化创意产品设计开发中引入3D打印技术等新技术，人民群众将会对博物馆文物历史文化有更大兴趣，使博物馆文化真正走进人民群众。

四、激光雕刻技术在博物馆文化创意产品中的应用

目前，激光雕刻在机械制造和工业制造领域应用已经相当普遍，具体涉及金属加工行业、印刷包装行业，纺织服装行业、装饰家居行业、航空航天技术领域等。根据文物局"让文物活起来"和"把博物馆带回家"的指示精神，文博行业发展越来越红火，激光雕刻技术在博物馆文化创意产业也开始崭露头角。

（一）激光雕刻在文创设计制作方面的优势

激光是原子核外电子受激光辐射经放大而形成的光辐射。激光雕刻是利用较高功率的聚焦激光光束，按照计算机参数信息对被照射物体在移动过程中进行熔融、烧蚀，实现非接触式的切割、蚀刻的工艺。它能有效地解决传统加工方法无法解决的问题，尤其是对那些高硬度、高脆性材料的切割加工，有逐步取代传统切割工艺的趋势。相比传统加工技术，它的优势主要有以下几个方面：

1. 设计的数字化

激光雕刻主要依赖数字模型，激光切割机器的操作文件常用格式为DXF或者DWG格式。文件的绘制可采用如CAD和Adobe Illustrator、Corel Draw等矢量制作软件，绘图中需设置单位，尺寸按照实际制作尺寸绘制。计算机所绘制数字模型中的线条实际是激光光斑切割材料的移动轨迹。因为数字建模的直观特点，除了在质感上的不同，切割后的文化创意产品几乎别无二致地还原了计算机设计文件中的图案——"所见即所得"。

2. 产出的平板化

激光雕刻机床本身是个二维的平台，置于其上被切割的材料通常为板材——纸板、木板、亚克力板、铝板、钢板等，制造出的文化创意产品也大多呈平板化。即便一些被巧妙设计的激光雕刻文化创意产品经过制作后呈现三维立体，一般也是在平板的基础上多层叠加或拼插组合而成。

3. 材料的适应性

激光雕刻机分为切割金属材料的光纤激光雕刻机，及切割有机材料和合成材料的二氧化碳激光雕刻机。所以金属、纸张、木头、布料、皮具、亚克力等大多数常用材料基本上可以被加工。

在纸张加工中，传统机械切割法磨砂轮的磨损可能导致"飞边"，手工剪纸又可能会因为刀具的磨损或者需剪掉面积的细小，容易使纸张产生折痕或者撕裂，激光切割制作纸质文化创意产品，其边缘干净、整齐、没有纸张残屑，更可保证均一、优秀的加工质量，

方便快捷地做出雕花、镂空效果，用于生产制作贺卡、明信片、灯具灯罩。

在布料的传统加工工艺中，刀模会因为刀刃的变形、变钝而导致布料的脱丝，这给后续的工艺带来了很多麻烦。激光雕刻解决了这一难题，化纤面料在雕刻后易烧熔收缩，可以自然形成不易松散且整齐的轮廓边缘；另外，激光可以在厚的布料和绒皮上进行蚀刻印花，蚀刻深浅变化时还能制作出渐变的效果，为产品雕刻出层次丰富的图案。

4. 制作的高效化

激光雕刻技术主要依赖光斑直径、激光功率、切割速度和工件的位置等参数进行生产操作，切缝的形状大小随着材质的特性不同和参数的设置差异而发生变化。制作过程基本不依赖模具，其精度高、切缝窄、材料磨损少、工件变形小，无接触性，生产成本低、制作效率高，在参数设置与材料性能匹配时能一次成型。

5. 排放的环保性

除高效经济之外，激光雕刻不可忽视的一大特点就是环保性。首先，激光光斑排放的热量小，因此可以减少热量过高时板材融化、变形导致不必要的损耗；其次，切割时产生的噪声相对传统的机械加工较小；第三，切割过程中虽然会产生少量粉尘，但都有湿式或干式的除尘装置，对大气污染较小。

（二）激光雕刻在文创设计制作方面的短板

1. 材料厚度有限制

激光雕刻金属板材一般 200W 激光器的雕刻厚度在 1~2.5 mm。500W 激光器雕刻厚度在 4mm 以下，1 000—2 000W 的激光器雕刻厚度不会超过 15mm，具体取决于材料组成。木板、亚克力等材料的加工厚度一般也控制在 15mm 以内。

2. 材料类别有限制

高反射率的铜和铝只有在光纤激光雕刻机系统上安装有"反射吸收"装置的时候才能被加工，否则反射会毁坏光学组件。雕刻诸如热塑性塑料、热硬化材料和人造橡胶的合成材料时，要考虑加工的危险和可能排放的有毒气体。

3. 特定材料会碳化"黑边"

竹、木、三合板、纸板等材料使用激光雕刻技术的时候容易炭化导致黑边。根据机器功率等参数的设置和被加工材料的成分构成、厚度特性不同，炭化黑边的颜色深浅也略有差异。一般情况下，功率低、速度快就不容易炭化黑边，但随之也可能导致效果不如预期，需要二次加工。

（三）激光雕刻技术支持下的博物馆文创

博物馆文创的开发越来越巧妙灵活，从原来直接复制文物的"硬周边产品"转为借用一个馆藏形象与"衣、食、住、行、用、玩"等实用性功能相结合的"软周边产品"。激光雕刻技术契合了图案化的馆藏形象的表达，逐步成为当代博物馆文创设计制作的常用手段之一。

1. 舌尖上的博物馆文创

苏州博物馆馆藏五代秘色瓷莲花碗，其通体施以青釉，晶莹润洁，造型宛如一朵盛开的莲花。因其为越窑青瓷中难得一见的秘色瓷珍品而成为苏州博物馆的镇馆之宝，为文创开发提供了灵感源泉。2014 年，苏博文创团队研发"国宝味道——秘色瓷莲花碗曲奇"，将文物图案化、扁平化，并采用与青釉相呼应的绿色抹茶粉为原料制作文物曲奇饼干，使文创与文物的设色统一。

2014 年，四川三星堆博物馆以馆藏古蜀文明时期的古蜀面具为原型，推出"古蜀面具饼干"，随即在网络上大火。随后，陕西历史博物馆也推出过一系列文物饼干，西汉皇后之玺玉印、汉代长乐未央瓦当、唐代开元通宝货币、银器舞马衔杯银壶等，纷纷成了饼干上栩栩如生的图案。2016 年，三星堆博物馆又推出"青铜面具月饼"，再次成了考古界和文创领域的"网红"。

文物饼干成了美食界的博物馆定制、博物馆界的美食新宠，可以被"品尝"的文创首次受到消费者的强烈关注。虽然饼干本身并不是激光加工，但这种图案化的饼干模具在激光雕刻技术的支持下可以被最简单快捷地制造，帮助我们用美食来传播博物馆文化。

2. 文房内的博物馆文创

说到文房文创，不得不提及北京故宫。北京故宫博物院作为全国乃至全世界著名的博物馆，其文创的开发与经营在国内首屈一指，文化创意产品年营业额超 10 亿元。2016 年12 月，故宫博物院共计研发文化创意产品 8 683 种，产品涵盖"家居陈设""文房雅玩""紫禁服饰""创意生活"等方面。其中"文房雅玩"类文化创意产品应用到激光雕刻技术最为广泛。

"故宫建筑尺"采集了作为规模最大、最完整木结构建筑群的故宫中保和殿、午门、神武门不同的古代皇家建筑形式，从被设计师简化后雕刻出的尺子轮廓就能识别保和殿为圆攒尖、神武门为重檐顶、午门为三面环抱的"五凤楼"。不得不说图案化提升了博物馆IP 的辨识度，强化其标志性。

"故宫窗棂尺"提取了乾清门窗棂、景仁宫窗棂、养心殿窗棂、太和殿窗棂的图案，透雕于尺上，将传统的建筑美学应用于产品设计。窗棂的框架结构设计，像是对中国传统木构建筑的微缩和侧写，但又不限于此，使其延伸到文房用品中，成为审美构成要素之一。

"故宫脊兽尺"借用太和殿的脊兽形象，依次是仙人、龙、凤、狮子、天马、海马、狻猊、獬豸、斗牛。脊兽的功能最初是为了保护木栓和铁钉，防止建筑漏水和生锈，对建筑屋脊的连接部起固定和支撑作用。后发展出了装饰功能，并有严格的等级意义，不同等级的汉族建筑所安放的脊兽数量和形式都有严格限制。尺子的巧妙处在于将建筑的三维装饰转换为文具的二维装饰，将故宫的古建美学和吉祥寓意赋予文化创意产品。

不管是"故宫窗棂尺""故宫建筑尺"，还是"故宫脊兽尺"，都充分利用了作为世界文化遗产的故宫最大的 IP——古建筑本身，并将其图案化、标志化，运用激光雕刻技术将图案或整体、或局部地运用到产品合适的位置上。

故宫文具类文创除了竹木材质的激光加工，还有金属材料的激光加工。故宫"千里江山书峰立金属书签"，提取故宫馆藏文物宋代王希孟绘制的长卷《千里江山图》的 IP，将中国古代文人寄情山水的表达与现代阅读者纵情书海相结合，利用金属激光雕刻的虚实疏密来表达山石披麻皴、斧劈皴等不同的脉络肌理、明暗变化。设计师匠心独运，上山下水、山水交融的意境跃然签上。

3. 童趣里的博物馆文创

中国海关博物馆开发的丝路通关棋将传统的追逐棋与报关通关情境结合，形成一套兼具知识性和趣味性、寓教于乐的科普海关知识的通关棋。

这套通关棋在棋子的制作上也用了激光蚀刻印花技术。激光雕刻除了可以对材料进行切断和透雕处理，还可以蚀刻雕花，处理出一些扁平化的图案和浅浮雕效果。

中国海关博物馆推出的丝路立体拼图也用到了激光切割技术。该拼图提取丝绸之路的符号元素，将之图案化设计，并用激光切割技术切块、层叠制作。木质拼图分为上、中、下三层，最内层为汉代丝路，张骞带领驼队跋山涉水出使西域；中间层为唐代丝路，玄奘西天取经途经敦煌；最外层为当代海丝远渡，中西贸易往来密切。立体拼图以古代著名丝路人物传说作为题材，让孩子们从游戏中了解一段历史，从故事中领略一路风情。

虽然拼图由很多小块的木板组成，但因为激光雕刻对材料断口缝隙的低损耗，只需用到三层 20cm 见方的三合板，按设计图纸切割成型，并根据设色喷漆处理即可，是对材料最大限度的利用。

4. 行旅中的博物馆文创

行旅便携类和行旅馈赠类文化创意产品中也不乏激光雕刻技术的支持。广东省博物馆文创商店代销的"邮历·广州"系列木雕明信片，以广州五羊雕塑、广州塔、广东省博物馆等知名景点为题材，展现岭南地标建筑及地域特色于明信片方寸之间。将不同色泽、不同质地的木板用激光雕刻的线元素搭配，激光透雕的面元素层叠组合，形成有立体感的城市地标形象。这样的文创作为旅游的手信或纪念都是不错的选择。

激光雕刻为博物馆文创设计思维和设计语言提供了技术支持，它提供了一种图案化的设计策略，使博物馆文化创意产品不再只是一件摆设。狭义地说，它是"馆藏 IP 的符号"和"使用功能"的叠加。广义地说，它是识别性和实用性的复合。

五、互联网思维在博物馆文化创意产品中的应用

互联网从无到有，从弱到强，从单个领域到社会的方方面面，人们的生活方式被这张"网"改变，社会运行模式因为它的存在而不断优化。那么，驱使互联网不断变革而产生深远影响的核心动力是什么？是互联网思维，思维影响行动，行动影响结果。"互联网+"

的理念成为国家战略，互联网真正地对传统行业进行了全方位的变革。

（一）互联网思维

互联网思维，是指在互联网（移动互联网）、大数据、云计算等科技不断发展的背景下，对用户、员工、产品、市场和组织乃至整个价值链和生态系统重新审视的思维方式。

（1）用户思维。一切产品和服务均以用户的思维和使用习惯进行设计开发，是用户思维的核心。通过与用户的大量接触，全方位获取用户使用习惯和反馈，站在用户的角度去考量产品，注重用户体验，在此基础上用更加人性化的方式实现产品畅销。

（2）大数据思维。大数据思维有三个维度——定量思维、相关思维和实验思维。第一，定量思维，即提供更多描述性的信息；第二，相关思维，一切皆可连，消费者行为的不同数据都有内在联系；第三，实验思维，一切皆可试，大数据所带来的信息可以帮助制定相应策略。

（3）平台思维。平台思维的核心是通过汇集各类元素构建生态圈，以线连接成面，以开放的心态，以共赢的方式，发挥各方所长，实现优势资源的聚合，发挥巨大的能量。

（4）跨界思维。随着互联网商业活动不断对人们生活的影响，产业的边界不再完全明确，很多行业应用"互联网＋"的概念，实现了传统业务的优化，变得更加蓬勃发展。跨界思维应运而生，它是一种突破了传统观念和模式，以其他行业的规则和理念，通过创新，对传统行业实现变革的思维方式。

（二）互联网思维如何在博物馆文化创意产品中应用

互联网思维已经在各行各业应用，如应用在交通领域，出现滴滴打车，方便人们出行；在支付领域，出现了二维码付款，省去携带现金的麻烦等。传统行业通过互联网思维的优化，实现了业务的提升，便利大众的同时，实现了自身的发展。

1.用户思维帮助博物馆管理者改变传统观念

互联网思维在博物馆文创中的应用，首先是改变博物馆人的思想观念，不是静待游客，而是通过不断自我优化，以游客体验为中心，进行全面的业务梳理，从原本的坚持以物为本，转变为以人为本的理念，所有开发的文化创意产品要以实用性和趣味性为前提，结合藏品的文化元素，以游客喜闻乐见的形式进行工艺化设计开发，以接地气的形式进行展现营销，主动融入游客中，让游客有互动感、参与感以及深入的体验感，这才有可能做出与游客需求相符合的文化创意产品。

2.大数据思维让文创工作者全面掌握游客消费动态

博物馆文创的大数据分为两类：一类是线上数据；另一类是线下数据。线上数据通过编程开发，可以获得极度精细的数据信息，每条信息都有数据跟踪，这样的数据便于文创人员知晓产品的消费动态，及时进行产品的更新。线下数据收集相对线上麻烦，可以通过采用二维码等硬件设备进行库存盘点，通过一定周期的销量，进行数据分析，依旧能够知晓当前阶段具体文化创意产品的销量，根据数据同步进行产品调整，实现库存的灵活处理，销量好的及时补货，销量差的采取营销活动打折处理，可以最大限度地减少囤货现象。

3. 平台思维是博物馆文创实现专人做专事的保障

平台化的思维在文创工作的应用，就是以博物馆为平台核心，通过合作或授权模式实现各自优势资源的发挥，让专业的设计公司做设计、电商公司做线上运营，让生产商制作质量过硬的产品，通过优势互补，专业人员做专业事，博物馆的文创人员做好相应工作的监督和审议工作，同时这是一个高难度的工作，需要博物馆的文创员工具备良好的平台思维、审美、市场判断的综合能力。

4. 跨界思维让博物馆文创工作做大做强

IP 是一种宝贵的资源，而博物馆作为征集、收藏、陈列和研究代表人类文化遗产实物的场所，有着得天独厚的优势——任何一个有特点的藏品、人物、品牌形象均有极高的历史文化意义和 IP 价值。通过强强联合的方式，将品牌双方的固有粉丝进行融合，实现品牌影响力的互相渗透，实现产品销售最大化。博物馆跨界是博物馆扩大影响力和做大做强的必由之路，要在原产品的基础上实现做工创新和彼此文化的融合，这样才能最大限度地体现跨界的展示效果。跨界需要结合彼此情况，制定长期、共赢的合作条款，跨界不是一次单纯的产品售卖，而是以此为契机，建立长效的合作机制，共同长期地实现品牌共生。

互联网思维随着 5G 技术的普及可能会有一定的变动，但其开放、平等、协作、分享的精神不会改变，唯有深刻理解和应用互联网思维，才能够在博物馆文化创意产品遍地开花的当下，开发出有特色、有温度、有故事的产品以及走出符合自己馆情的运营之路。

六、中国古代书画元素在故宫文化创意产品设计中的应用

（一）文化创意产品设计与传统艺术结合的必要性

随着互联网市场的冲击以及国民经济水平的提高，人们对文化创意产品的诉求，不再是仅满足基本的物质需求即可，而是要求有文化性、娱乐性、精神性的产品。因此，文化创意产品设计与中国传统艺术相结合成为必选的命题。艺术设计与文化创意的结合，是提升中国文化软实力和产业界综合竞争力的重要举措。在加快实现由"中国制造"到"中国智造"转变的背景下，文化创意产品设计与中国古代书画艺术相结合，不仅是对传统文化的创新与传承，而且顺应时代发展潮流，有望为中国文创产业的未来带来巨大的经济效益和广阔的发展前景。

在时代号召下，故宫博物院走出了崭新的创新路径。在故宫网店销售的文化创意产品中，中国古代书画元素系列文化创意产品的销量遥遥领先。这种现象主要归功于故宫文创的设计思想及产品类别，不仅能给予消费者传统美感的熏陶，同时种类丰富、美观实用，

满足人们的日常所需。当代文化创意产品的设计关键是要实现与受众精神和情感层面的互动，这样才能广泛传播。

（二）博物馆文化创意产品设计应考虑的要素

1."文化、流通、互动"三要素

博物馆文化创意产品的设计须考虑到文化、流通和互动。文化创意产品的设计应在满足欣赏的基础上，努力到群众生活中去。博物馆的社会职能主要是文化传播教育，在设计上只有考虑到产品的传播流动性，与消费者形成良性"互动"，文化的"流通"才能实现可持续性增长。成功的文化创意产品不仅是传统文化行走的代言人，也能弘扬与增强国民的民族自信心。文化创意产品要有实用性，也应是传统与创新融合的产物。

2.对IP感与主题系列的应用

创意产业是一门风险产业，当今文化创意产品的时代性、精神性已经超越过去的时代。文化创意产品的设计与生产要更加关注时尚潮流、个人嗜好、传播炒作、社会环境等不可忽略的因素。近年来，随着《国家宝藏》《上新了·故宫》等综艺节目的播出，故宫文化创意产品趁着这股传媒热潮，推出了一系列IP合作，并且取得巨大成功。例如，"千里江山系列""清明上河图系列"等。故宫文化创意产品设计的主题也根据节庆日分为了"宫里过年""金榜题名"等，且都取得了比较可观的社会反响。

（三）中国古代书画艺术在故宫文化创意产品中的应用

1.古代中国画元素的应用

故宫文创中的"创意生活"类多为实用型产品，其设计元素不仅涉及世人皆知的《清明上河图》等，还多选取一些色彩搭配古朴典雅、大气经典且绘画题材寓意吉祥、立意高远的小众传统书画作品。例如，故宫博物院藏清王时敏作《杜甫诗意图》册中，一幅绘苍松挺拔、山崖巍峨，一幅绘高山清溪、幽舍掩映，就非常适合用于文人学习用具设计，故宫"艺想丹青"书签的设计灵感就来源于此。文创系列帆布包的设计取材多选于图案洞明可爱、匠心独运、朴拙有趣的书画精品，譬如南宋画家林椿的《枇杷山鸟图》《果树来禽图》等。为适应不同年龄及性格的消费者，还应用有祥瑞福寿之意的《桃兔图》，清新淡雅的《荷花图》等。值得一提的是，故宫文创专题推出了"千里江山"系列，文化创意产品的设计从书签、杯垫，到手提袋、镇纸、手机壳等应有尽有，灵感源自中国画中的金碧山水：王希孟的《千里江山图》。

2.故宫文创中的中国书法元素

文化创意产品一定要使消费者能够感受到传统文化和艺术的魅力，故宫文创中运用书法篆刻元素进行设计的印章正满足了消费者这个夙愿。篆刻与印章的使用，在中国书法史上历史悠久。在历代帝王中，以清代的乾隆皇帝最为嗜印，他酷爱珍藏书画，凡珍藏书画珍品，都要盖上一章。世人常见清宫旧藏书画作品中，乾隆皇帝是无画不衿、无书不盖，乾隆皇帝的印章数量高达 1 800 多枚。故宫文创选取乾隆皇帝的典型印玺，设计出了一套"乾隆的百宝箱"印章组合，以榉木和塑胶为材质，便于携带和保存。购买者不仅可以体会到乾隆皇帝热爱盖章的乐趣，同时也能对书法中的篆刻文化有所了解。

文化创意产业发展的核心竞争力是文化，所以文化创意产品在设计时要保持高度的文化自觉性。设计本身是一门交叉学科，艺术设计与文创产业的跨界交叉，突破了行业的羁绊，激发出新的创作灵感和活力。故宫文化创意产品设计与中国传统书画元素相结合，兼具中华民族文化的独特性、创新性和原创性，是未来文创设计取向的必然。

七、国潮设计思路在博物馆文化创意产品中的应用

（一）"国潮"设计概念

"国潮"顾名思义，即国产的潮牌、国内的潮牌、中国的潮流。关于"国潮"这一概念，绝大多数人将其简单地解释为中国本土设计师创立的中国元素潮流品牌，或是一些张扬了设计师独特思想风格和生活态度的中国元素符号。对"国潮"的理解，是以设计师原创品牌为载体，以中国文化元素为语言的一种现象，是对中国传统文化表达的新方式。

起源于中国的潮流品牌之所以能够在短时间内受到众多年轻消费者的青睐，不仅在于中国传统文化元素的复苏和流行，还在于中国设计师对当下市场敏锐的洞察力和推广传播。有人类科学家指出："传统文化是现代人赖以生存和发展的理性工具。"因此，流行文化不仅能够激发众多消费者的共鸣，也能让原创品牌符号更具商业价值。

因此，我们定义"国潮"设计的概念，需要从以下三个方面进行思考：首先，创作设计的产品主体是否融入了中国的传统文化元素；其次，设计是否能将中国的传统文化元素与当下潮流相融合，而更具年轻时尚感；最后，设计能否被大众消费群体和市场广泛接受，成为流行融入人们日常生活中。

从某种程度上来讲，以设计师原创品牌为载体的"国潮"设计文化，满足了年轻消费者对时尚潮流的追求，也是当代流行文化商业价值的体现。

（二）"国潮"设计的流行趋势

"国潮"这股潮流风在年轻消费者的追捧下越刮越大，曾经被嫌弃"老土""俗套"的中国传统文化元素，在设计师手中脱胎换骨，赋予了新的表达，逐渐成为有个性、有品位的符号象征。

中国当代年轻设计师对市场敏锐的洞察力，从某种程度上推动着"国潮"设计的崛起，一系列脑洞大开的"国货"品牌设计，也颠覆了大众对传统"国货"的认知。以纽约时装周亮相的青岛啤酒来说，其品牌突出"百年国潮"为主题，将 20 世纪 30 年代旗袍美女的广告画做成海报，运用复古元素来展现跨界潮流的时尚魅力，青岛啤酒再次崛起并成为年轻人关注的流行，其秘诀就在于它有着紧跟当下时尚潮流意识，运用中国历史中的文化元

素与时尚设计风格相结合的设计思路，使其设计时尚新颖，让人耳目一新，而又不失其传统的韵味和深厚的内涵。

近年来，中国传统文化的回归以及国人对中华文化强烈的认同感和归属感，也从某种程度上推动着"国潮"设计的崛起。中国传统文化的形态越来越备受大众和媒体关注，无论是故宫国宝还是京剧昆曲，仿佛一夜之间都可以成为当下社会大众关注的热点，甚至成为潮流趋势的顶端。

"国潮"设计像一道闪电划破灰暗的长空，顺势进入了消费新趋势的浪潮中，重新定义了中国潮流设计，也让我们开始思考"国潮"该有的样子，不得不说"国潮"的设计思路独具一格，新颖的表达又不背离中国的传统文化特质。消费者从认知到需求，使我们重新重视对中国传统文化元素的传承创新与再设计。一方面，"国潮"借助多元的媒介渠道开展多样的营销推广，如近期陆续推出的《上新了·故宫》等文化类综艺节目，对"国潮"设计起到了实在性的传播；另一方面，"国潮"设计实现具有创新性的文化创意产品，如台北故宫推出的坠马髻颈枕、"朕知道了"胶带、帝后形象的酒瓶塞等，这类文化创意产品在吸引消费者眼球的同时，也形成了流行文化热点，使越来越多的受众有消费的兴趣和需求。带有中国文化元素的"国潮"时尚产品开始走向世界，日益成为时下年轻消费者彰显自我个性的一种风格。

（三）"国潮"设计思路与博物馆文化创意产品

文创，即文化创意产品，是依靠人的智慧和技能，借助于现代科技手段对文化资源、文化用品进行创造与创新，通过发散性的创新思维，而生产出的具有文化价值的产品。博物馆文创，就是利用馆藏文物和中国传统文化元素，开发的具有纪念意义或实用功能的产品，并被赋予地方特色和艺术气息，承载着与博物馆主题相关的历史文化的产品。博物馆文化创意产品设计应如何进行设计定位？不妨从实用性、时尚性和艺术性这三个基本特点来考虑。

1.实用性

对于当今社会的消费者来说，一件只有观赏性而无实用性的文化创意产品是没有吸引力的，最多初步进入消费者眼帘的那一刻，对外观会产生一种喜爱，但仅仅止步于此，随后消费者开始由感性转向理性思考，考虑其是否有一定的实用性，这也是当代消费者的行为基本特征。因而在文创设计中要注重两者的结合，如故宫博物院开发的"坠马髻颈枕"，在具有观赏价值的同时又具备了实用功能，消费者在使用这类文化创意产品的过程中，让这些"国潮"产品形成了很好的流行传播，也逐渐强化了消费者对中华文化的认同感。

2.时尚性

当今年轻的消费者具有态度鲜明、观念新颖、思维活跃的特点，他们喜欢追求"潮""美""酷""帅"等流行元素。因此，在文化创意产品上如果能够积极运用当下最火的"国潮"元素，对文化创意产品进行创新设计，体现出时尚潮流的特点，就能够抓住年轻消费群体的眼球，创造出适合市场需求的产品。

3. 艺术性

一件具有商业价值的文化创意产品，首先要好看，要有较高的审美性，是设计师通过精心设计完成的。设计师在设计的过程中，不能把文化创意产品当普通商品来对待，而应该作为具有较高艺术审美的工艺品、艺术品来设计构思，运用新颖的设计思维，选择合理的艺术元素，最终形成独具艺术魅力的产品，提升产品的市场热度。

近年来，故宫博物院文化创意产品时常成为大众关注的焦点，其文创设计中融入了较多的中国传统文化元素与图案造型，如"龙腾祥云""百花彩蝶""仙禽瑞兽"等，但不仅有新颖的表达和时尚化、生活化的设计，带有古老神话色彩和历史印记的符号开始流行，从彩妆口红到服装饰品，这场华丽的"国货T台秀"让年轻消费者为之着迷。以故宫推出的彩妆口红为例，其将故宫元素融入口红的外观纹样和膏体颜色，每支口红的外观纹样的灵感，皆来自故宫博物院馆藏品和古代后妃们的服饰名称，如洋红色缎绣百花纹夹、品月色缎平金银绣水仙团寿字纹单氅衣、明黄色绸绣绣球花棉马褂等；口红膏体颜色皆取自故宫馆藏品郎窑红釉观音尊、豇豆红釉菊瓣瓶、矾红地白花蝴蝶纹圆盒等。"故宫口红"一经推出的瞬间，立刻受到了年轻消费者的追捧，销售额一夜之间突破亿元。"故宫口红"的成功秘诀就在于它将传统文化元素与现代设计观念、技术相结合，形成时尚新颖的设计，让人眼前一亮，但又不失其古老的韵味和深厚的文化内涵。推出符合当代年轻人喜爱的文化创意产品，这不仅仅源自消费者对于产品背后对中国传统文化价值的认同，还离不开故宫文化创新设计的年轻化、时尚化、潮流化定位，从而呈现给消费者一个既有厚重底蕴，又能积极入世的"国潮"品牌设计形象。

同样，近年来南京博物院文创设计也大力开发文化创意产品，根据博物馆实地考察，其文化创意产品大致分为七大类，即精品典藏类；书画、图书类；文具类；家庭生活类；服饰类；3C产品（电子类）和其他类，其中占比最高的依旧是那些定价不高、形式单一、创新性不强、设计制作粗糙的Q版人偶、金属书签、手摇扇等产品，博物馆的文化创意产品并没有太多热点，归根结底在于缺乏创新思路，缺乏勇于探索和紧跟时尚潮流的尝试。因此，可以借鉴故宫博物院成功的经验，积极运用"国潮"的设计思路，融入中国传统文化和中国元素，设计出符合当代年轻消费者热追心理需求的，具有实用性、时尚性、艺术性的文化创意产品，同时借助网络媒介时代多样的营销手段，线上线下多渠道驱动"国潮"设计的博物馆文化创意产品。

在未来的社会发展中，支撑博物馆文化创意产业发展的基石，在于我们厚重而漫长的中华历史与传统文化，在于社会大众的文化自信和民族自豪感，在于消费者与日俱增的精神文化需求。博物馆应利用馆藏文化资源优势，挖掘和传播馆藏文物所蕴含的传统文化内涵和底蕴，将传统文化元素与当下时尚潮流元素相结合，运用好"国潮"设计思路，积极进行文化创意产品的创新设计，形成更多融入人们的生活、能被市场接受的博物馆文化创意产品。

参考文献

[1] 北京数字科普协会.数字博物馆发展新趋势 [M].北京：中国传媒大学出版社，2014.

[2] 陈凌云.博物馆文化创意产品开发研究 [M].上海：上海社会科学院出版社，2019.

[3] 段炼.探索与实践 博物馆与口述历史 [M].北京：经济日报出版社，2016.

[4] 胡玺丹，王俊卿，徐佳艺.博物馆拓展类教育活动研究 [M].上海：上海科学技术出版社，2019.

[5] 李典.博物馆文化创意产品开发设计与发展思路研究 [M].长春：吉林人民出版社，2020.

[6] 李桂玲，贾利光.博物馆与非物质农业文化遗产保护研究 [M].北京：华文出版社，2015.

[7] 李晓璐.博物馆 [M].沈阳：辽宁科学技术出版社，2011.

[8] 刘利伟，周一博.博物馆与大学生爱国主义教育 [M].长春：吉林人民出版社，2020.

[9] 吕文清，田澍辰，王征宇.博物馆探究学习指南 [M].北京：北京邮电大学出版社，2016.

[10] 潘力，刘剑平.文博创造力 高校博物馆理论与实践 [M].北京：中国传媒大学出版社，2018.

[11] 任宇娇.博物馆教育活动理论与实践 [M].长春：吉林人民出版社，2020.

[12] 沈恬.新时代博物馆教育活动的策划与实施 [M].长春：吉林人民出版社，2019.

[13] 王进修.博物馆陈列设计案例解析 [M].成都：电子科技大学出版社，2017.

[14] 吴云一.新博物馆学语境中的当代博物馆建筑设计 [M].上海：上海人民出版社，2016.

[15] 阎利娟，于明.博物致智：博物馆课程理念与实践 上 [M].西安：陕西人民出版社，2020.

[16] 周孙煊.数字化服务为导向的智慧博物馆综合平台建设研究 [M].成都：电子科技大学出版社，2019.

[17] 包富华，王志艳，程学宁.旅游纪念品消费特征及其满意度分析 [J].河南科学，2017，35（3）：494-500.

[18] 陈康.浅谈自然科学类博物馆文化创意产品开发策略 [J].自然科学博物馆研究，

2017，3（12）：66-67.

[19] 程辉. 基于产品视角的旅游文化创意产品设计探析 [D]. 杭州：浙江理工大学，2015.

[20] 高璐瑜. 浅析品牌价值升与降——品牌设计中的艺术性 [D]. 北京：中央美术学院，2014.

[21] 江天若. 博物馆文化创意产品开发研究——以台北故宫博物院和苏州博物馆为例 [D]. 陕西：陕西科技大学，2016.

[22] 江天若. 博物馆文化创意产品开发研究——以台北故宫博物院和苏州博物馆为例 [D]. 西安：陕西科技大学，2016.

[23] 杨咏，王子朝. 浅析非遗博物馆文化创意产品的开发策略 [J]. 艺术与设计（理论），2018，2（3）：93-95.

[24] 阴鑫. 中国博物馆文化创意产品开发研究——以北京故宫博物院为例 [D]. 开封：河南大学，2016.

[25] 张尧. 基于博物馆资源的文化创意产品开发设计研究 [D]. 苏州：苏州大学，2015.

[26] 周坤，刘勇. 浅谈博物馆文化创意产品开发设计发展思路 [J]. 教育观察，2017，6（7）：145-146.

[27] 周坤. 浅谈博物馆文化创意产品开发设计发展思路 [J]. 教育观察，2017，3（10）：123-125.